知识产权文摘

中国知识产权法学研究会
中国人民大学知识产权学院 编

主编
张燕宾　陶国峰

鸣谢
曹中强　杨叶璇　董葆霖　程永顺
胡　杰　郑小粤　姚　芃　李秀明

特别鸣谢
华进联合专利商标代理有限公司
北京清晨印象文化创意有限公司
北京阳光知识产权与法律发展基金会

新星出版社 NEW STAR PRESS

图书在版编目（CIP）数据

知识产权文摘 / 张燕宾，陶国峰主编；中国知识产权法学研究会，中国人民大学知识产权学院编．－－北京：新星出版社，2013.11

ISBN 978-7-5133-1067-3

Ⅰ．①知… Ⅱ．①张… ②陶… ③中… ④中… Ⅲ．①知识产权－文集 Ⅳ．① D913-53

中国版本图书馆 CIP 数据核字（2013）第 247714 号

知识产权文摘

张燕宾 陶国峰 主编
中国知识产权法学研究会 中国人民大学知识产权学院 编

责任编辑：程 鹃
责任印制：韦 舰
版式设计：魏 丹

出版发行：新星出版社
出 版 人：谢 刚
社　　址：北京市西城区车公庄大街丙3号楼　　100044
网　　址：www.newstarpress.com
电　　话：010-88310888
传　　真：010-65270449
法律顾问：北京市大成律师事务所

读者服务：010-88310811　　service@newstarpress.com
邮购地址：北京市西城区车公庄大街丙 3 号楼　　100044

印　　刷：北京京华虎彩印刷有限公司
开　　本：787mm×1092mm　1/16
印　　张：14.5
字　　数：154千字
版　　次：2013年11月第一版　2013年11月第一次印刷
书　　号：ISBN 978-7-5133-1067-3
定　　价：38.00元

版权专有，侵权必究；如有质量问题，请与印刷厂联系调换。

【代序】

知识产权制度与中国的现代性

刘春田

当代中国正面临剧烈的社会转型,即从一个前现代性(传统)社会转变为一个现代性(modernity)社会。这一转型,是中国现代性的建构历程,是从传统社会向以现代核心价值观(自由、理性、个人权利)为支撑,以市场经济、民主宪政和民族国家为基本制度的现代文明秩序的转变。这一转型肇始于晚清,已历经一百余年的变革。在此期间,中国的经济、政治、文化、社会乃至生活方式都发生了巨大的变化。这些变化,从根本上说,是中国的现代化运动造成的。但到今天,它依然是一个"未完成的方案"。知识产权是工业文明的产物,是现代社会最基础、最重要的财产制度之一,是一个日益国际化、全球化的规范系统、理论系统、知识系统和文化系统,同时也是现代人类的基本生活方式、行为方式、思维方式和发展方式。这就决定了知识产权制度与现代性之间具有内在的密切联系。为此,我以"知识产权制度与中国现代性"为主题谈三点个人认识。

一、知识产权制度是现代性的基本标志

现代社会的基本特征,表现为"科学技术可以无限地运用于人类生活"以及"市场机制可以无限制地扩张导致经济(生产力)的超增长"。所以,现代社会是科学技术高度发展的结果,也是市场经济高度发达的产物。科学技术和市场经济之于现代社会,有如车之两轮,鸟之双翼,互相依存,不可偏废。

但是,科学技术本身并不是生产力。生产力的发展,既取决于科学技术的发展水平,也依赖与之相适应的社会制度的不断调整,还要仰仗意识形

态,即价值观念的更新。这三个因素都至关重要,缺一不可。

在这些制度中,居于首位的就是知识产权制度。在知识经济时代,知识与技术创新日新月异,已成为求强致富的核心要素。新知识、新技术要切实转化为财富,转化为生产力,片刻也离不开知识产权制度。知识产权制度与新知识、新技术的结合,是现代社会的点金术,是人类文明的生财之道。历史实践一再证明,知识产权法律作为一项财产制度,既不是阳春白雪,也不是锦上之花,而是任何现代社会得以生存和发展的基础制度和重要支柱,是任何现代性社会的基本标志。

二、知识产权制度的输入是源于中国对现代性的渴求

中国近现代历史上,曾经历两次重大的历史变迁,分别是晚清变革和新中国改革开放。中国知识产权制度的初创和重建也正是发生在这两个时期。在法制史上,通常认为法律移植是中国法律近代化和现代化的基本途径。非中华固有之制的知识产权制度的初创与变革尤为如此。百年中国知识产权法制的形成与发展,就其内容而言,不外乎立足中国的实际,确立法律的基本原则,参酌西方法律制度,通过制度移植,进而建立一套服务中国现代性的,以普世价值主导的法律学说为内核,以西方法律框架为模板的知识产权法律体系。

但关于知识产权制度进入中国的原因,则见仁见智。很多人认为,无论是清末变法时期的初创还是改革开放初期的重建,知识产权制度输入中国,都是迫于西方列强,特别是美国的压力。例如,有学者把中国的知识产权立法称为"枪口下的法律",说的也是这层意思。

实事求是地看,在近现代的这两次大规模知识产权立法的过程中,西方的压力是客观存在的。1840年鸦片战争以后,中国被强行拖进了世界现代性的历史进程,中国社会被强行纳入了西方资本主义经济规律运行的发展轨道,成为世界市场不可或缺的一个环节。中国要想按照原有的节奏、方式继续走下去,已不可能,也不现实。中国与西方的遭遇,动摇了存在数千载

的中国中心观,也改变了由这个中国中心观所形成的世界图景,触发了"数千年来未有之变局"(李鸿章),被严复形容为"观今日之世变,盖自秦以来,未有若斯之亟也"。

"欲救中国残局,唯有变西法一策"。改造社会,向现代转型既是救亡图存,推动中国社会发展的唯一出路,也是当时朝野有识之士的集体共识。于是,从"师夷长技以制夷"到"中体西用",中国社会开始了缓慢的,但是自觉的现代化变迁。

现代化是一个多层面协调转变的过程。就经济领域而言,其实质是工业化,并以此为基础建立起系统的工业文明,这也是现代社会区别于传统农业社会、农业国家的基本特征。在这一要求下,知识产权制度建设不可避免地被提上日程。纵观历史,我们可以看到,从清末到新中国,两个相距近百年的知识产权法制建设在逻辑上惊人地相似。

1898年7月,光绪皇帝批准颁布《振兴工艺给奖章程》,在中国历史上首次以法律的形式奖励和保护发明创造,正式引入西方现代专利制度,目的在于"劝厉工艺,奖募创新",以实现"智民富国"。1903年7月,清政府设立商部,这是中国历史上第一个以促进、保护和奖励工商业为宗旨的国家机构。商部成立后,即着手制定商律和一系列奖励实业的规章办法。1904年8月,清政府正式颁布中国历史上第一部成文商标法《商标注册试办章程》。1910年12月,清政府资政院又表决通过了《大清著作权律》。尽管处于风雨飘摇之中,清政府仍在短短十多年时间建立了知识产权制度。

由此不难看出,清朝政府之所以启动大规模的知识产权立法活动,主要原因是出于举国上下对现代性的渴望,出于对改造国情的强烈需求。

新中国知识产权法制的重建,同样是中国当时的历史背景和国情实际综合考量的必然结果。中共十一届三中全会,凝聚全民共识,一定要摆脱百多年的国民贫弱,矢志实现"四个现代化",为中国社会向现代性转型创造了良好的内部基础和可持续发展的根本动力。中美关系正常化则为之提供了重要的外部条件,为中国知识产权法制的重建提供了契机。也是在短短十多年，就建立了知识产权制度。但我们并不能因此而推导出，中国知识产权法制建设是美国施压的结果。因为无论清末，还是当代中国，建立知识产权制度的根本原因是源自中国自身改造国情、发展进步，也即继续完成未竟的现代性转型的内在需求。

中国知识产权制度建设的外部条件的重要性也不言而喻。一个落后的农业的中国要向工业化转变，向先进国家学习是不二之选。中国的改革开放与中美建交几乎同步并非历史的偶然，中国现代知识产权法制的重建与中美经贸关系紧密相联也非历史的巧合。就某种程度而言，这是中国走向世界、走向现代性国家的必然选择。

三、中国既需要建构独特的知识产权理论体系，又要进行相应的文化建设

知识产权本非中国固有之制，而是移植西方，拿来主义的结果。百余年来，它经历了一个规模空前的对西方学术的"知识引进运动"，无论我们依据的思想、理论，抑或我们采用的概念、方法和工具，甚或我们研究的对象、问题等等，大都是西方舶来的产物。中国知识产权研究的发展，也是一个以西方理论、西方话语为主导，解读、阐发中国问题的轨迹。

另一方面，中国知识产权制度又是在中国独特的政治、经济、文化、社会等制度语境中存在并发展起来的。中国知识产权理论的应然体系也必将是本土化的。在此意义上，中国不可能建立与其他国家完全一样的知识产权制度和理论体系，客观上也找不到这样的样板。我们不可能全盘照搬其他任何一个国家的知识产权制度和理论，是否借鉴、如何借鉴，应当根据自身的需要，结合自身的问题而决定。在此意义上，域外如何、国际怎样，都不应当成为中国知识产权制度改革和理论建构的根本动力与理想图景。

因此，中国知识产权研究应当扎根中国实践。"实践—经验—理论"是理论产生和发展的客观过程，经验以实践为基础，理论是经验的提炼与升华。没有对中国经验尤其是长时期、大规模司法实践经验的系统研究与总结，就不可能发现中国问题，也就不可能产生为中国所需要的、反映时代精

神的知识产权理论。中国知识产权研究所缺少的,是从经验到理论,能将两条路径连接起来,形成从实践到经验,再从经验升华为理论,又服务于实践的逻辑链条的成果。这是更接近事物发展的客观规律的知识。自1980年代以来中国系统的知识产权法律制度建设、大规模的经济社会实践,和与之相对应的日新月异、与时俱进的司法活动,就是独具中国特色的实践,也是有中国特色的知识产权理论的源泉。

"在现代性的价值认同和制度形态选择上,不同民族和文明会存在差异。在这个意义上讲,现代化并不等同于西方化。而是全球'多元现代性'的构建。"同样道理,工业社会也不等于资本主义社会,工业文明不等于西方文明。在工业化、现代性的旗帜下,必然会呈现多样化的理论、方案与实践,无论西方还是中国,无论早发还是迟到,其实现手段、发展路径和最终结果,都无可避免地彰显各自的文明的基因与历史胎记,无不各具特色,共同构成工业社会、工业文明的多元形态。中国知识产权界既要放眼天下,也要埋首中国,尤其有义务对中国经验进行调查研究,做出符合实际的理论概括,以提升自己的理论品质,完成理论自觉的使命,并最终建构中国特色知识产权理论体系,并把这些成果贡献给世界。

虽然在时间上,中国早已历经近代史,并进入了现代史,但中国的"近代化"却远未完成。中国不仅错过了工业革命,也错过了启蒙运动。中国既不是近代世界规则的制定者,又在经济全球化浪潮中迟到了,魂牵梦萦百余年的社会转型也依旧是未竟之业。但是,历史告诉世界,中国是一个负责任的国家,是一个世界秩序的建设者。中国一定会理性地发展,尽快让自己与世界融为一体,共同进步,携手发展。

中国知识产权法研究会张燕宾等几位同仁,经过认真筹划,推出了《知识产权文摘》。我相信,他们的努力一定能为积累和丰富与知识产权有关的现代文化建设作出贡献。

谨以2012年5月我在中美知识产权司法审判研讨会上的发言代序

目 录

代序：知识产权制度与中国的现代性　刘春田

为品牌代言的政治家们　诸葛漪 / 1
郑亚旗：经营父亲郑渊洁　夏宏 / 10
腾讯为何要和奇瑞争夺汽车领域QQ商标？　王小敏 / 17
李静复制李静：电商"外行"能走多远？　翟文婷 / 21
关注"国内立体商标争议第一案"背后　姚芃 / 31

论消费者在商标法上的优越地位　李东海 / 37
赫德与中国《商标注册试办章程》　董葆霖 / 48
商标注册试办章程（清）/ 50
商标立法要义　章圭瑑 / 55
商标是什么？　程永顺 / 57

珍贵文物仿制品能用专利保护吗？　胡嫚 / 60
时装的外观设计专利保护　郑友德 / 67
一个民间发明家和他的卖饭机器人　樊力 / 73
专利挖掘者　贺涛 / 79
世纪之交西方知识产权观念的输入　安守廉（美国）译者：李琛 / 87

振兴工艺给奖章程（清）/ 92
专利布局，一场面向未来的圈地运动　姜洪波 / 94
仿制药时代：最好与最坏　刘琳 / 97
专利司法实践对专利制度及立法的推动与完善　程永顺 / 105
切肤之痛——商业秘密侵权泛滥
客户名单——经营秘密保密关键　韩元牧　吴莉娟 / 122

我国历史上首例小说盗版案催生《大清著作权律》　陈大康 / 127
大清著作权律（清）　/ 131
《百年孤独》的版权纠结　仝海龙 / 139
《人在囧途》状告《泰囧》侵犯著作权　余瀛波 / 145
"中国好声音"开播引版权大战　酷我百度起纷争　雷建平 / 147

丧礼音乐也要付钱　小星 / 150
《红色娘子军》还能舞下去吗？　孙莹 / 154
《著作权法》修法幕后　乌力斯 / 159
我和版权有个约　何映宇 / 162
抄袭到底伤害了谁？　范昕 / 165
数字音乐：巨鲸之死　金姬 / 168

关于记者著作权的若干问题　陶国峰 / 173
李经纬：从孤儿到"中国魔水"　一颗健力宝星的陨落　张丽娟 / 179
褚时健：做一份事业，感觉就是遇到了一个舞台　朱慧憬 / 183
中国知识产权制度中的一个里程碑　程永顺 / 189
知识产权中国式"泥沼"　蒋一凡 / 193
简析PCT申请的程序安全保障　王正发 / 198

30年代上海的市井文化　倪锡英 / 206
香港那碗茶　刘荻 / 215

动态 / 218

为品牌代言的政治家们

诸葛漪

名人政要们的穿戴不仅能影响到时尚潮流,更是一种有效的政治工具。政治家的打扮是与大众之间的交流行为。本杰明·富兰克林曾忠告说:"为自己而吃,为别人而穿。"对政治家而言,穿着是绝对不能疏忽的方面。如果想成为大众支持的政治明星,就要通过着装来表达自己,通过着装的颜色传达政治信息。

LV广告男模戈尔巴乔夫

阴暗的天空,破败的柏林墙,黑色老式轿车,还有一个前苏联总统戈尔巴乔夫,谁能想到,这些景物的组合居然是为了宣传时尚奢侈品牌Louis Vuitton。

从去年开始,Louis Vuitton 在原有时装广告基础上增加了全新核心价值广告系列。这些广告并不用于推销任何新产品,而是关于品牌形象和理念,即"旅行"。Louis Vuitton 传讯总监 Antoine Arnault 强调:"我们希望大家重新认识 Louis Vuitton。"

俄罗斯《青年参考》报评价,"由戈尔巴乔夫担任模特拍摄的这组照片,本身存在巨大的反差:一位过时的政治人物,在一个过时的环境里,居然使用绝对时尚的品牌旅行包。刹那间,Louis Vuitton 的光芒让戈尔巴乔夫的形象显得更为黯淡,但也绝对吸引眼球。"

俄罗斯媒体报道认为，十年前戈尔巴乔夫曾为必胜客拍摄了电视广告。虽然广告拍摄方不愿透露 Louis Vuitton 在新广告上给戈尔巴乔夫的代言费，但鉴于戈尔巴乔夫1997年为必胜客快餐拍摄电视广告，一下子就赚了16万美元，此次戈尔巴乔夫的代言费也应该不会太少。据悉，戈尔巴乔夫起初并不情愿接拍这个广告，直到 Louis Vuitton 承诺为他的环境慈善组织"国际绿十字"捐款并在广告中提到该组织。几年前，戈尔巴乔夫就把他的名字"戈尔巴乔夫"、昵称"戈尔比"甚至前额上那块暗红的胎记统统都注册成了商标。此外，戈氏还同意将"戈尔比"的昵称用于苹果电脑，其广告收入全部划入他本人的账下。

戈尔巴乔夫现身时尚广告显示了奢侈品行业在地缘政治上的大转变：富有的俄罗斯人正在西进，他们的花销占据奢侈品大蛋糕中的很大一块。贝卡里称，Louis Vuitton 希望新的审美倾向能够开拓中国和俄罗斯的受众。

奢侈品不再只是红男绿女的物欲符号，同样也是知识分子、政客精英的精神诉求。戈尔巴乔夫正是 Louis Vuitton 最传神的注脚。由奥美广告公司操刀的这一新广告战略也反映了奢侈品公司试图在更人性化的层面上接触消费者。过去，许多奢侈品牌主要依赖于所谓的"把产品当英雄"的方式来推广。新的方式则把产品整合进了更逼真的场景中。比如新广告中的所有名人都没有注视照相机。戈尔巴乔夫的包甚至远离画面中心，上面还盖着报纸和杂志。

但这则看似商业味道十足的广告，也因为主角特殊而引发争议，居然被发现蕴涵着政治阴谋：放在 Louis Vuitton 旅行包上面的杂志俄文标题为《利特维年科谋杀案：他们为了七千美元而放弃嫌犯》。如果翻开杂志就会发现，这篇文章是在指责普京应该对"没有被揭穿的杀害俄罗斯女记者安娜和前克格勃工作人员利特维年科的凶手们"负责。对于广告中的这个细节，英国媒体表示非常惊奇，因为外界普遍认为，戈尔巴乔夫是普京的支持者，他在不同场合都表示过对他的赞赏。戈尔巴乔夫甚至还组织了一个政党支持普京。作为广告中的主要角色，难道戈尔巴乔夫连身边放着什么杂志都没有看吗？仅仅用疏忽似乎解释不通。尽管广告公司奥美声称毫无政治意涵，他们若想传达讯息，不会使用斯拉夫文，还颠倒着放，不用放大镜看不清楚，但这种说法无法取信于大众，连汉堡上的芝麻粒都是手工精心安放的广告界大佬，怎可能如此粗心大意。

英国《金融时报》记者针对广告中的这个细节，希望采访戈尔巴乔夫，不过戈尔巴乔夫本人并没有就此进行任何回应。俄罗斯新闻网站在报道中援引分析人士的观点指出，作为一家世界知名的公司，Louis Vuitton 不太可能将自己卷入政治争吵当中，所以广告本身是个阴谋这几乎不可能。发生这种事情的原因，很可能是现场工作人员有意或者无意的行为，也许是哪个人想跟他开个玩笑。不过，这显然是个疏失。

俄罗斯政坛许多人物在商业领域也颇有头脑，最有效的方法之一就是出售自己的姓名商标专利。有些人的姓名专利权价值数万或数十万美元。众所周知，俄罗斯人对伏特加情有独钟，因此，伏特加巨大的市场自然吸引了众多政治家。现在在俄罗斯酒类市场上以政治家名字命名的伏特加应有尽有："戈尔巴乔夫"、"叶利钦"、"普京"、"日里诺夫斯基"等等。普京牌伏特加仅在波罗的海国家销售。俄罗斯自由民主党主席日里诺夫斯基甚至进军化妆品市场，生产专门针对女性消费者的"日里诺夫斯基"牌香水。

"商标注册风"也刮到乌克兰。乌克兰总统尤先科早在2001年就注册了"尤先科"、"维克多·尤先科"、"维·尤先科"、"尤先科集团"的商标。随着"橙色革命"风暴在乌克兰刮起，尤先科的长子安德烈抢先注册了"橙色革命"的商标。乌克兰全国曾激烈争论安德烈是否有注册、出售"橙色革命"标志纪念品的权利。据计算，"橙色革命"纪念品可为小尤先科带来1亿美元的巨额收入。

美国：穿着等于支持率

有人夸张地说，奥巴马之所以能够在超级星期二后，一口气夺下11个州的胜利，是因为其俊朗时尚的外表能够通杀二十到四十岁间的所有女性选民。这位四十六岁的黑人政治家曾和他的妻子米歇尔被多个杂志评为"最佳着装人士"。他在参加脱口秀节目"晚间秀"时，用黑色代替中规中矩的深蓝色，以黑色单排扣西服配上标准的白色衬衫，再衬上一条2.5英寸宽的浅蓝领带（以今天的标准，连3英寸宽的领带都被视为太窄。）这身穿着赢得了主持人大卫·雷特曼发自内心的赞许。"你穿了一套极品西服，那真是一套有候选人资格的西服啊。"当天出席同一个节目的好莱坞影后哈利·贝瑞一个劲地点头："我喜欢这套西服。我还会给他的衣服投票。"

奥巴马的衣服总是契合男装潮流——修身西服和锥形领带，比国会山常见的保守剪裁青春很多，呈现出一种具有迷惑性的简单式样，没有上身口袋里折叠的手帕，没有袖口浮华的链扣，没有领夹或双色衬衫，没有绚丽的领带图案，只有上档次的品位。《人物》杂志夸奖他穿泳裤都比对手好看。但政客穿着太时尚是冒风险的。肯尼迪曾担心对衣着的高品位会疏远自己与大众的距离，奥巴马也为此遭受了批评。《纽约时报》的专栏作者就指责奥巴马花太多时间在健身房和为《名利场》《VOGUE》拍照。

奥巴马的竞争对手、前第一夫人希拉里2002年还曾被《人物》杂志评为"年度最差着装"。自从决定竞选那天起，她的衣着品位也开始随着炙热的人气扶摇直上。民主党击败共和党夺回国会控制权的庆功大会上，希拉里身穿一件鲜艳的黄色上衣服装。专家评论：黄色是星条旗和美国两大政党的旗帜都没有采用的颜色，希拉里在关键场合选择黄色出场，就是她有参选总统的野心的最好证明。希拉里曾在出席参议院会议时穿了一件低领口的上衣，不经意地泄露了胸前"春光"，惹来《华盛顿邮报》大做文章。普利策奖得主吉文表示希拉里一向中性打扮，今次露出乳沟未免"异常炫耀，让人看了感觉不舒服"。也有人认为希拉里露乳沟显然不是"不经意"，而是经过深思熟虑的行为，她所体现的是女权主义，她所炫耀的不是身体，而是政治主张，只不过从政治策略上说，这个炫耀太大了，过度刺激，那是另外一回事。

律师出身的希拉里以前喜欢穿深色外套，美国著名时装设计师Oscar de

la Renta建议她改穿浅蓝色和浅粉色的衣服，这样看起来更具亲和力，也有助缓和希拉里工于心计与强势的冰冷形象。至于她那款知性的金色短发，则归功于某次脱口秀前的大手笔。据说，这可以让她遮掩年龄增长带来的灰白发迹，增加肤色亮度，并且修饰脸形。在最近的竞选活动中，设计师Diane von Furstenberg看准了希拉里身上所蕴涵的潜在时尚价值，不但向其捐献了4600美元，还为前来助阵的切尔西提供了该品牌2008早春系列Warped连衣裙。在全世界的闪光灯照耀下，相信Diane von Furstenberg日后能得到的回报自然远不止那几千美元。

在美国政界，红色套装据说已成了一个约定俗成的惯例，因为红色象征权势，具有很强的视觉冲击力，在一片单调的"灰蓝"色系中能脱颖而出，因此备受女强人的青睐。红色的披肩、珍珠项链、Armani套装，六十七岁的美国众议院议长佩洛西以一身令人怀疑其年龄的着装点缀了《纽约时报》的封面。她当选首位众议院女议长时，按照《华盛顿邮报》的话说，"Armani套装让她看起来非常职业。"

克林顿政府时的国务卿奥尔布赖特也以喜欢穿红色套裙著称。她和英国前首相撒切尔夫人一样钟爱珍珠，她们都坚信珍珠能衬托女性的庄重。但不同的是，奥尔布赖特还有一套自己的"胸针哲学"。当她和伊拉克外长阿齐兹会面时，就戴着一枚蛇形胸针。与俄罗斯总统叶利钦会面时，她佩戴的胸针换成了一枚象征美国权威的雄鹰。她每次出使中东地区，通常会戴着象征和平的金色鸽子，或"不达目的绝不罢休"的山羊造型的胸针。她在会见朝鲜最高领导人金正日时，佩戴的是美国国旗的胸针。在欢乐的场合，她会戴个热气球胸针，有时为表达诚意还会搭配小天使胸针。尽管奥尔布赖特佩戴的胸针多属于模仿型的设计产品，但其中蕴涵的哲理及外交语言不言自明。

奥尔布赖特的继任者国务卿赖斯更爱美，她的办公室里有两面落地镜，好随时关注自己的仪容。不俗的衣着品位使她获得了2001年《时尚》杂志年度最佳服饰奖。赖斯的助手吉姆·威尔金森透露，她喜欢著名设计师设计的昂贵服装，尤以Armani和Oscar de la Renta最受青睐。并且她还是个"鞋痴",热衷于收集高跟鞋。至于化妆,美国人都知道她最爱YSL唇膏。

英国:你的领带是什么颜色

职业穿着是一种心理学,兴起于上世纪80年代的"权威穿着"(power dressing)潮流就是一个绝佳例子。被誉为美国首位衣柜工程师的John Molloy在《穿出成功》一书中说,穿上足以表现权威和专业的衣着,是成就事业的必要条件。

布朗担任财政大臣十年,一直对红色领带情有独钟。在成为英国首相当天,他系一条红色领带离开财政部,却在晚些时候换上了一条浅蓝色领带站在唐宁街十号门口挥手致意。英国格拉斯哥机场遭遇"汽车爆炸"恐怖袭击,布朗随后换下紫色领带,转而戴上了一条深蓝色领带发表讲话。因此媒体猜测,布朗凡是遇上历史性转变的时刻,总要换上一条蓝色领带。其中,浅蓝是布朗的最爱,深蓝居其次。即使哪天布朗选择了一条黑色领带,也必定少不了蓝色条纹分布其间。

英国保守党领袖卡梅伦经常系着自己招牌式的绿色领带,脚穿系着绿色鞋带的运动鞋,以彰显自己的环保观念。在英国《GQ》杂志评选中,戴维·卡梅伦荣登2007年度"英国最佳着装男士"的第二名,仅次于新任007丹尼尔·克雷格。卡梅伦喜欢穿剪裁得体的西装,白色衬衫搭配领带。衣领既不僵硬也不太松垮,领带既不宽大也不过窄。惠勒说,他的穿衣风格是既不想引人注意也不想令人不愉快,就像他的政策一样。《GQ》杂志在评价这位喜欢穿限量版匡威运动鞋的保守党领袖时称,卡梅伦是"一位深知外表和语言具有同样重要性的政治家"。

卡梅伦的"秘密时尚武器"是一位名叫蒂莫西·埃佛勒斯的著名设计师。布朗也很喜欢埃佛勒斯的设计,不过布朗的穿着却完全没有像卡梅伦那样获得认同,在《GQ》榜单上,他被评选为"最差着装男性"的第二名。英国《独立报》评价说,卡梅伦与布朗的对比不由得让人想起这样一句老话:"重要的不是你穿什么,而是你怎么穿它。"自从成为伦敦萨维尔街百年英国老店Gieves & Hawkes的顾客后，布朗的衣着没有问题，唯一的缺点就是他那笨拙的姿态，以及他那不太令人舒服的装扮。

法国：总统爱意大利名牌

法国总统萨科齐非常讲究衣着，但显然他和拿破仑一样受到身高的"困扰"。萨科齐身高约1.65米，比身高约1.69米的拿破仑还矮了一小截，是法兰西第五共和国个子最矮的领导，因此萨科齐强调"向外扩而不是向上扩"，为此他所做的就是衣服上用非常大的垫肩。

他想传达的明确信息是："我也许不高，但我很宽厚。"尽管名模妻子站在身边比他还高，但却不会让人觉得他就被比下去了。《名利场》杂志更把他评选为2007年度"全球最佳衣着人士"。有趣的是，作为时尚之国的领袖，萨科齐最爱的品牌并不是法国国货，而是意大利品牌Prada。在总统就职仪式上，萨科齐选择了Prada单排三扣深蓝色西装，郑重地扣上了中间那粒纽扣。看萨科齐出席正式场合非常注重细节，他很少选择一粒扣西装，更偏爱单排二粒扣或单排三粒扣西装，完全不会犯将扣子全扣上的土气错误，他经常潇洒地不扣扣子，步履轻松地朝群众挥手。《名利场》编辑赞美他，"萨科齐的风格耀眼、浪漫、富有男子气概，而且还带有一种极富吸引力的亲切感和幽默感……我们喜欢他就职典礼上穿的Prada西服，他所有的衣服，甚至慢跑时穿的运动服，都无可挑剔。"

萨科齐竞选总统时的对手、社会党领袖罗雅尔也常因身上优雅的名牌服装而引人注目。罗雅尔的长发和喇叭裙是典型的天主教上层妇女的穿着。在正式获总统候选人提名后，罗雅尔改以一身白色系服装亮相，让人感到几分居家味道。罗雅尔本身是左派，她却选择了右派更容易接受的服装。显然，她希望在拉住左翼选民的同时，也勾住右翼的票。罗雅尔在接受媒体采访的时候，曾坦白承认："为了能够代表法国，我得时刻注意自己的穿着。"Paule Ka、Agnes'b、Zara都是其钟爱的品牌。

他们应该穿这个品牌

奥巴马：Dior Homme

年仅三十一岁的比利时人 Kris Van Assche 取代 Hedi Slimane 之后的 Dior Homme 更适合男人而非男孩穿着，摒弃了少年模特之后诞生的精致的亚麻布衬衫和精准剪裁的外套，真正向 Christian Dior 致敬。

希拉里：Chanel

有什么比本季的星条旗图案更能表达前任第一夫人、参议员、总统竞选者的爱国心或者说勃勃雄心呢？暂时落后的选举形势或许更需要希拉里展示作为淑女的一面，咄咄逼人的进攻拉票的效果远远不如在新罕布什尔州初选的几滴眼泪。

赖斯：Yves Saint Laurent

既然是YSL唇膏的忠实顾客，相信国务卿也会喜欢YSL成衣。高准确度的结构美学、不连续曲线以及寂静的流动感，都在Pilati设计中将男女装冲突的元素协调出相当独特的美感，非常适合男人堆里的女强人。

布什：Brooks Brothers

在美国不少年轻人的第一套西装都是 Brooks Brothers，得体的款式、简洁的设计与品味的坚持，甚至历任美国总统的罗斯福、肯尼迪、老布什、克林顿等，都是 Brooks Brothers 的忠实顾客，也让 Brooks Brothers 得到"总统的御衣"美誉。

布朗：Gieves & Hawkes

创始于1785年的 Gieves & Hawkes，二百多年来为贵族绅士提供传统高雅的衣饰并深得英国皇室推崇，伊丽莎白二世、爱丁堡公爵、威尔士亲王更授予其皇室徽章（The Royal Warrants）。创意总监 Joe Casely-Hayford 在秉承品牌传统品味的同时加入时尚元素，耳目一新的设计彻底扬弃英国西装老牌观感。

卡梅伦：Maison Martin Margiela

不为其他，谁叫 Martin Margiela 是最环保的设计师，一向以解构及重组衣服的技术而闻名，他锐利的目光能看穿衣服的构造及布料的特性，如把长袍解构并改造成短外套，废物利用水平一等一。不过保守党党魁穿着如此异想天开的衣服去参加政治活动需要很大勇气。

萨科齐：Prada

在就职仪式舍弃国货穿上了舶来品Prada，萨科齐对Prada的忠诚度可见一斑，连当时的总统夫人塞西莉亚穿的礼服也是Prada。不过最近访问英国时新任第一夫人布吕尼穿上了Dior，不知道她的审美标准是否会影响总统。

普京：Armani

洪晃做过调查，不管异性恋女人还是同性恋男人，都最喜欢穿Armani西装的男人。异性恋的女人说，穿Armani西装的男人靠得住又不太保守。同性恋男人说穿Armani西装的人都是好身材的男人。普京在西伯利亚叶尼塞河钓鱼已经秀了一把穿Armani的好本钱。

摘自《视野》2008年第22期

郑亚旗：经营父亲郑渊洁

夏 宏

如果说郑渊洁是一个品牌，郑亚旗就是这个品牌的运作者，只不过他们有那么一点关系——父子。父亲是艺术家，儿子是个商人。

"父亲的品牌，在一代人心中有那么大的影响力，不运作特可惜。"聊自己的创业初衷，郑亚旗说道，他的父亲郑渊洁的书尽管在这二十多年里，累计销售上亿册，但他认为，"郑渊洁童话"品牌的商业价值的开发度，还远远不够。

2005年，郑亚旗用自己的积蓄，不到十万元的启动资金创办了《皮皮鲁》杂志。对郑渊洁的作品，他重新进行了包装、策划。除了频繁的签售，迄今还做了2000多场电视节目。

一个明显的效果是，郑渊洁的书原来每年卖100来万册，当年跃升至500万册。截至去年，六年时间，郑渊洁的书累计卖出2600万册。2007年他还开办了"皮皮鲁讲堂"。

出版、讲堂这两个业务板块，后来并入郑亚旗在2010年创办的公司，北京皮皮鲁总动员文化科技有限公司（下简称皮皮鲁总动员）。

这家拥有70人团队的公司，围绕郑渊洁的作品及以"皮皮鲁"为主打的人物形象，形成了它今日的业务板块和商业模式：出版、皮皮鲁讲堂、游戏、动漫，和一个面向儿童的互联网社区"Z星球"。

从营销、讲堂，到儿童网络社区

二十一岁那年，在一家报社工作三年的郑亚旗，忽然觉得，在这个事业单位，不是自己人生之中为之奋斗的终极目标。他寻找身边的商机，打起了父亲的主意。

尽管他所处的是一个民主色彩浓厚、父子平起平坐的家庭。但在他打算创业，想要郑渊洁把著作权交给他进行市场化运作的时候，郑亚旗还是颇费了番功夫才勉强说服郑渊洁。

"郑渊洁是个固执的有文人情怀的人，他不愿意去经商，也不愿意考虑他的东西到底应该怎么包装、怎么运作，只要能卖得出去。他那样活得也挺好。此前也有不少公司想拿他的著作版权，进行市场运作，他都不同意。"郑亚旗说。

当时，郑渊洁的书每年能卖出100万册，就发行量来说这个数字在当代中国作家里已是一个很好的成绩，郑渊洁很知足。作为《童话大王》唯一的作者，他所得到的报酬与大部分作家无异：稿费或版税。郑亚旗说，郑渊洁很低调，与出版商的合作里，甚至附加了一个条款，不签售、不过度宣传的协议。

但在郑亚旗看来，郑渊洁的书无论是商业价值还是内容传播上的影响度，都存在很大的拓展空间。父子两个人在2005年经常辩论，他极力说服父亲去进行市场化运作。

"当时我说你的书得运作，他说100万我够吃够喝挺好。我说太少，《哈利·波特》卖得多火，你的书连排行榜都上不去，你多丢人。你写得并不比《哈利·波特》差，而且可能更适合中国小孩儿看，为什么不推广？你在中国市场打不过别人，我觉得很可惜。"郑亚旗说。

最终，他们达成了一个协议。郑亚旗策划、包装郑渊洁的作品出版，书的销量超过200万册，郑亚旗分成。父子之间的合作，圈定在一个他们既定的商业规则内展开。迄今，他与郑渊洁的合作都是"明码标价。"

郑亚旗先投入10万元，办了《皮皮鲁》杂志。当时没有自己的发行渠道，他拿着样刊去甜水园图书批发市场，一个一个去谈，总算慢慢建立了渠道，刚开始前两期退货多，然后逐步调整，后来一直发行得还不错。郑亚旗当年策划包装父亲的图书，当年就卖掉了500万册，远远超过了预期。

当时签售是出版社公认的作家卖书最好的方法，郑渊洁一签就是好几个小时。郑亚旗觉得这种方式太累，太原始，

"我说这样不行，再这么签就把我爸累死了，图书销售和我说，你爸有克林顿有名吗？克林顿跟希拉里出书，手都签肿了。据出版社说，签售一次，整个辐射下去，能带动持续三个月的销量的上升。我就跟我爸爸说，我一定得给你策划出一个不用签售就能把书卖得更好的好办法。"郑亚旗决定让父亲上电视。

本来上电视是为了品牌推广卖书，结果阴错阳差，郑渊洁还当上了主持人。"作家上电视有风险，如果谈吐没意思，可能还会砸牌子。但郑渊洁机智、幽默，最后上节目电视台还得给他出场费。"郑渊洁在长春卫视还主持了一档节目：郑氏胡说。

品牌做出影响力了，自然带动了图书的出版销售。

2007年左右，出版理顺了，郑亚旗只要出点子，定期开会出书。闲暇时间多了，他又想起了别的生意。

他想找一个"不用投太多钱，然后又有很好现金流、自己投资就能做的事儿"，于是想到了做培训。

郑亚旗小时候没去学校读书，郑渊洁自己编了10本教材在家里教他。在这10本教材的基础上，郑亚旗开办了皮皮鲁讲堂，开设在北京建外SOHO现代城一栋写字楼里。至今吸引了1000来名孩子在此上课。所授课程既有作文训练，也有道德、法律等方面的教育。讲堂只有郑渊洁、郑亚旗这两个老师，在不影响定位、品质的前提下，郑亚旗也想着扩张讲堂的规模，寻找一个复制讲堂的模式。

出版皮皮鲁讲堂已给公司带来盈利。皮皮鲁品牌相关产业"年产值已过亿元"。

紧接着，郑亚旗开始办一家网络公司。

童话的现实困境

Z星球于2011年上线，已有百万个孩子在这个社区注册。用郑亚旗的话说，它就像一个线上的主题公园。社区创办了Z星杂志、ZTV、Z星时报、Z星学校、郑氏家庭教育群；也有419宗罪、红塔乐园等多款游戏。

所有的产品围绕的都是郑渊洁、郑渊洁的童话及笔下的人物作为主题。郑亚旗说不只线下运营的业务，作为线上社区，Z星球都具有内容上的优势。

郑亚旗的目标，是占领中国儿童文化娱乐市场，做中国高质量的儿童文化娱乐。

Z星球目前还不盈利。短期内郑亚旗也无计划靠它赚钱。对于皮皮鲁总动员来说，它是连接孩子及强化品牌的一座桥梁。皮皮鲁总动员未来新出版的书、电影、动画片、游戏等各种各样的内容，在Z星球都可以体验到，"有点像进了迪士尼乐园一样"，就商业而言，它是增强品牌黏度性的一个入口。

郑亚旗对公司的布局与战略是，在未来三四年左右，把40%的力量放在能为公司赚钱的事上，60%的力量用在建立、强化品牌影响力上。

这60%的事，除了包括Z星球外，还包括把郑渊洁的童话改编成动画片，投放到电视台。"这是赔钱的事。"郑亚旗说，在国内靠动画片本身盈利也不现实。但就战略而言，这可以扩大皮皮鲁总动员的品牌影响力，"由此带动衍生品和周边产业的发展。"

之所以做动画，是因为郑亚旗发现，皮皮鲁的形象和品牌应该更大力地推广，"不夸张地说，前几年每月都能有好几个人来找，找我们来合作拍皮皮鲁的动画片，但这帮人大部分是想拿政策去圈钱的。"郑亚旗说，这些合作他们都拒绝了。

"我们觉得这个东西实际上就是一块大钻石，就看你怎么凿，你一锤子凿碎了，那基本上就没有价值了，但是如果你凿好了，它的价值肯定是几十倍地增长。"郑亚旗决定自己来做动画片。

但做动画很难，郑亚旗说，国内的相关产业链还没起来，当初皮皮鲁总动员找来的美术与策划，做网游《皮皮鲁和419宗罪》时，花费了巨大的精力，但是却无法达到既定的效果。

"现在黄金时段限播国外动画片的政策，真是毁了中国小孩儿的审美。"郑亚旗最后发现，招来做网游的员工不是他们能力有问题，而是从网游到动画制作，"中国人做创意行业，有着思维固化的局限。"

郑亚旗发现不只是原创能力很弱，中国不少的动漫制作公司，充当的不过是一个来料加工的角色。他看到过一个日资的动画公司，为了节约成本把一些边角料的活，外包给中国某动画制作公司。就算是这样，"同样的剧本、场景设置、人物、同样的分镜头，换成一个稍有制作经验的国外的公司来做，马上就看出了两者之间的巨大差别。"

郑渊洁创造了一个停留在平面上的童话世界；而现在，郑亚旗则极力把这个停留在印刷品上的世界，拉到一个现实的商业环境：首先它不要死去，然后要生存得还好，且要按照他父亲所创造的童话王国打造，在他手里立体、有创造性地呈现出来。这，或许就像在沙漠里打造一座城市，一个王国。对郑亚旗来说，它是一个造梦的过程。

"创业型"接班

2011年12月1日，郑亚旗在北京天伦王朝酒店参加了《创业邦》年会后的当天，他在自己的微薄里感慨："参加《创业邦》年会的'创业新生代'论坛环节。被问到经营企业的感受。其实经营企业不像大家想的那样光鲜亮丽，很容易就名利双收。而是不停地面对各种问题，企业方向、员工、董事会、资金、合作、融资、政府等等问题。选择领导企业其实是选择了一种辛苦奋斗、忍辱负重的生活方式。"

作为创业者的郑亚旗，因为有一个名人父亲，很多质疑和偏见一直围绕着他，一度让他感到压力很大。"你看你做得那么好，不就是因为你爸爸嘛。"他曾对媒体说过一件事，他认识一位从人大退学，二十一岁在互联网领域挣了1000万的创业者。郑亚旗在微博上发了一张他们的合影，结果有人骂：人家是靠脑子，你是靠老子。

郑亚旗说，除了他在郑渊洁那里获得了授权，交由他进行商业化运作外，创业、打市场、把握企业的方向等等，自己所走的路、承受的压力不见得和其他人不一样。

早晨7点起床喂狗，上班；至晚上7点回家吃饭，这是他每天生活的常态。非工作之事，他很少应酬，"也几乎没有跟朋友吃饭的业余时间。"郑亚旗身边一些家境不错、接手家族企业的朋友颇为不解，"拿你爸的事儿做公司，为什么还这么累？"他回答，你们接手的已经是一个非常完善的企业了，不毁就行了。"我是在做创业的事儿。"

"其实我跟那些继承父亲家业的人不同，很多人接手的是一个事业，比如接手一个酒店，只要这个公司有董事会、有总经理，他只要不是败家子，这企业就能运营得特好，当然他有点儿脑子就能运营得更好，这种人其实很多了。"

因为要做网络社区，郑亚旗要融资，一圈圈见了很多投资人，一开始他既不知道VC是什么，也不知道什么是PE。他见了各种各样的投资人，给他出了各种各样的主意，"你一定要坚定自己需要做的事儿，和自己独立的判断能力，而不是听风是风，听雨是雨。"郑亚旗说。

"做文化产业不能太急功近利。我们不是做团购，你今天公司有100人，找个团购网的CEO过来管，你的公司明天就有2000人，业绩就可以达到多少万，不是这事儿。"

在与投资人的频繁接触后，皮皮鲁总动员的首轮融资正待一锤定音。资方"是某著名VC"。郑亚旗说，之所以要融资是希望在原有业务板块上，触角延伸至动漫、电影、衍生品的开发等领域。

他其实是在做创业的事儿，把一个文字品牌变成产业去运作。"这个就相当于华纳在运营哈利·波特，但这个事儿在中国又没有一个完善的商业模式可循、可参考。"这是他感觉特别累的一个原因，"要是在美国，可能也轮不到我做这个事儿，估计郑渊洁早就跟好莱坞合作了。"

"我们还是想把它做成一个，其实我不太爱说这个词儿，做成一个中国的迪士尼。"郑亚旗说。

摘自《创业邦》2012年3月号

腾讯为何要和奇瑞争夺汽车领域QQ商标？

王小敏

商标纠纷案件最近几年来数量越来越多，影响越来越大，涉及的争议方也多为业界巨头，因此受社会的关注度也越来越高。

近日，腾讯与奇瑞争夺汽车领域QQ商标一案又成为媒体报道的焦点。因在汽车等商品上注册的"QQ"商标被撤销，腾讯将国家商标评审委员会（以下简称"商评委"）告上法庭，奇瑞公司作为第三人参与诉讼，该案于7月16日上午在北京市第一中级人民法院开庭审理。

腾讯凭什么诉商评委

不明缘由的读者可能会纳闷，腾讯与奇瑞争夺"QQ"商标，为何不直接告奇瑞公司而要告商评委呢？这得先从整个事件的经过说起。简单回顾一下案情：2005年5月，腾讯在第12类的汽车等商品上申请注册"QQ"商标，2008年3月获国家商标局核准注册。2009年11月，奇瑞公司以该商标损害其在先权利为由，向商评委申请撤销该商标。商评委认为争议商标的注册构成"抢先注册他人已经使用并有一定影响的商标"的情形，于是撤销了该注册商标，腾讯不服，将商评委告上法庭。

商标注册有多重救济程序，如因近似或其他原因被商标局驳回的，申请人可以自收到驳回通知之日起十五日内向商评委申请复审，对复审决定不服还可以提起行政诉讼；对通过初步审定的商标，自公告之日起三个月内，任何人均可以向商标局提出异议，如对商标局的异议裁定不服，还可以向商评委申请异议复审，对商评委的复审裁定还不服的，可以向法院提起行政诉讼。驳回复审和异议程序都是争对未获注册的商标的，如果商标获得注册后，相关权利人仍然可以通过争议程序或撤三程序申请撤销该商标。

《商标法》第四十一条至四十三条规定，已经注册的商标，违反本法第十三条、第十五条、第十六条、第三十一条规定的，自商标注册之日起五年内，商标所有人或者利害关系人可以请求商评委裁定撤销该注册商标。对恶意注册的，驰名商标所有人不受五年的时间限制。当事人对商评委的裁定不服的，可以自收到通知之日起三十日内向人民法院起诉。人民法院应当通知商标裁定程序的对方当事人作为第三人参加诉讼。

因此，在奇瑞公司对腾讯注册在汽车商品上的"QQ"商标成功撤销之后，腾讯不能直接对奇瑞公司的撤销行为提起民事诉讼，因撤销裁定是由商评委作出的，所以腾讯只能依据《商标法》的规定，对商评委提起行政诉讼，要求法院判决商评委撤销其裁定，而奇瑞公司只能作为第三人参与诉讼。

腾讯争夺汽车领域QQ商标基于何种考量？

一个是互联网巨头腾讯，一个是国产汽车巨头奇瑞，两家公司业务毫不沾边，不存在任何竞争关系，为啥两者要耗费近十年时间争夺QQ商标？

对于奇瑞公司来说，大家还可以理解，毕竟其是汽车行业内的，而且生产QQ微型轿车，争夺汽车商品上的"QQ"商标理所当然。但是，对于腾讯来说，很多人就难以理解，为何一家做互联网的企业要与汽车企业争夺汽车领域的QQ商标呢？难道腾讯要转行造汽车吗？疑惑重重。

其实，腾讯争夺汽车领域的"QQ"商标并非心血来潮，毫无缘由。相信，依据腾讯的智慧，其背后一定有经过深思熟虑后的考量。作为局外人，笔者在此暂且发表以下几种拙见，以期赐教。

第一，车联网时代或物联网时代逐渐来临，网络与硬件加速融合，各种汽车软件应用程序不断开发出来，汽车对计算机和传感器的依赖度也日益增强,而网络服务在其中更是发挥着关键作用,市场前景无限广阔。

作为中国最大的互联网综合服务提供商,腾讯的产品和服务涵盖了通信、资讯、娱乐和电子商务等各个方面,面对终将到来的时代,未来其产品和服务免不了会涉及到物联网领域,所以不排除腾讯将来会进军汽车电子或零配件等相关行业。而此时,先行在汽车等相关商品领域布局注册商标,不但凸显了腾讯的前瞻性眼光,更为其未来发展做好品牌铺垫。

第二,维护QQ品牌的统一性和专属性,防止商标淡化,这也是腾讯品牌战略和知识产权保护的需要。"QQ"作为腾讯的核心品牌,几乎在腾讯业务涉及的所有范围都有注册和使用,一是出于商标防御战略的考虑,二是加强QQ品牌与腾讯之间的专属性,维护统一的品牌形象。经过多年使用,"QQ"实际上已经与腾讯形成了唯一对应的关系,如果有其他企业在其他商品类别获得注册"QQ"商标,必然会打破目前这种统一性和专属性,一定程度上也会对腾讯的"QQ"商标造成淡化。

第三,腾讯法务部门不服输的意志,一定程度上也会影响案件的发展。据媒体报道,腾讯法务部门曾创下29场诉讼不败的战绩,打赢了从加湿器、鞋厂等传统企业,到搜狗、360等互联网公司,甚至到普通QQ用户等众多官司,胜诉率极高,声名远播。拥有如此光辉的记录在前,必然会给腾讯法务部门带来压力,迫使其竭尽全力去追求胜诉。

第四,与奇瑞争夺汽车领域的"QQ"商标还会带来额外的利益效应,凭借丰富的人力、雄厚的财力以及强大的维权意志,敢于与行业外的巨头硬碰硬,不但可以彰显腾讯保护自身知识产权的强大决心和实力,树立强权企业形象,而且还可以在一定程度上威慑潜在对手,使其不敢轻易侵犯腾讯的权益。

恶意抢注还是保护性注册?

在腾讯与奇瑞的争夺战中,腾讯诉称其在多领域注册"QQ"商标,是对QQ品牌的保护性注册,而且在奇瑞汽车使用"QQ"商标之前,腾讯的"QQ"商标已经构成驰名商标;奇瑞公司则认为,腾讯在汽车领域注册"QQ"商标具有恶意,奇瑞公司在汽车领域使用"QQ"商标早于腾讯,且花费了巨额广告宣传费用,应予以保护。即,奇瑞公司认为腾讯构成恶意抢注,腾讯则认为自己是保护性注册,且受驰名商标的跨类保护。

是否构成抢注,应从以下方面判断:他人商标在系争商标申请日之前已经使用并有一定影响;系争商标与他人商标相同或者近似;系争商标所使用的商品/服务与他人商标所使用的商品/服务原则上相同或者类似;系争商标申请人具有恶意。

奇瑞公司认为腾讯构成恶意抢注,则应证明自己在腾讯汽车领域QQ商标申请日之前已经使用"QQ"商标并具有一定影响,且需证明腾讯具有恶意。前者相对比较好证明,只要能够提供相关使用和宣传证据即可;对于恶意,比较难证明,需综合考虑系争商标申请人与在先使用人是否曾有贸易往来或者合作关系;是否共处相同地域或者双方的商品/服务有相同的销售渠道和地域范围;是否曾发生过其他纠纷,可知晓在先使用人商标;是否曾有内部人员往来关系;系争商标申请人注册后是否具有以牟取不当利益为目的,利用在先使用人有一定影响商标的声誉和影响力进行误导宣传,胁迫在先使用人与其进行贸易合作,向在先使用人或者他人索要高额转让费、许可使用费或者侵权赔偿金等行为;他人商标是否具有较强独创性等多种因素。

腾讯要求受驰名商标的跨类保护,则应证明其"QQ"商标在奇瑞汽车使用"QQ"商标之前已经驰名,但腾讯的"QQ"商标2009年才被认定为驰名商标,而奇瑞公司早在2003年就推出了微型车奇瑞QQ。因此,腾讯要证明在此之前其"QQ"商标已经构成驰名难度较大。

腾讯与商评委的这次诉战虽然已经开庭审理,但最终判决如何仍需时间考验,比起漫长的诉讼程序,诉争商标双方当事人之间的协作沟通显得更为重要,期望腾讯与奇瑞之间能够找到最佳的解决方案,互利共赢。

摘自《创事记》2013年7月19日

李静复制李静：电商"外行"能走多远？

瞿文婷

从渠道品牌到自有品牌，李静和她的乐蜂做得最早，也做得最好，但还远远没有成功。这个电商行业的"外行"能走多远？

2012年12月底，"末日"刚刚过去，正是北方一年中最寒冷的时候，我们在东方风行的办公室见到了李静。为配合我们这本商业杂志拍照，她上身穿了一件适合春秋季的白色制服，拍照一结束，她赶紧裹上一件厚厚的毛披肩。李静对电商的寒冬也有切身感受吗？

电商的日子不好过已经不是一天两天了，投资界一度谈电商则色变，有媒体对几家电商企业早已判处死刑，就差倒计时了。乐蜂网所处的垂直电商亦不能幸免，随着淘宝、京东、当当等几家平台型电商的卡位战告一段落，留给垂直电商腾挪的余地更小，不乏有人抛出"垂直电商已死"的炸弹性言论。

主持人出身的李静很不愿意用电商人的系统思考这些问题，但她已经不能回避乐蜂网的生存环境了。即便不用快速解决电商盈利这个终极命题，如何在与同行的赤身肉搏中安然自处，避免被大平台挤压，也是迫在眉睫。

"我先考虑自己的生存法则，然后思考生存的空间是什么。就像我们那时候讨论民营影视制作公司的出路在何方，讨论那干吗？你就想这两三档节目好不好，好就有出路，不好你就是国营公司也没戏。"李静告诉《创业邦》。

李静的生存法则是指自有品牌。也就是说，乐蜂网作为一家化妆品B2C，卖别人的牌子，也卖自己打造出来的品牌。除乐蜂网外，聚美优品、天天网、知我药妆等渠道商都在尝试做自有品牌，目的只有一个，希望借此翻盘。

乐蜂网是几家B2C当中做自有品牌最早的，也可以说是相对比较成熟的。李静做自有品牌的路子是，根据每个明星或化妆品领域的专业人士特质，打造专属于他们的化妆品品牌。JPLUS静佳对应的是李静，JMIXP和JLYNN则为化妆品达人小P和梅琳而定制，后者被称作达人品牌。

但是，李静并没有感到足够的安全感。"自有品牌是有风险的，难道要跟欧莱雅去竞争吗？去跟宝洁竞争吗？这是很微弱的。"

N个李静

前段时间，李静在淘宝上花28块买了一个装饰性眼镜，她觉得挺好看，顺手发到了微博上，结果那家店一下子就火了。这不奇怪，似乎也在情理之中。因为她身份特殊，所以推荐的东西总是有粉丝愿意相信，并且追随。这正是乐蜂网做自有品牌的逻辑。

静佳的第一款产品是精油。因为李静本人就喜欢做SPA，从英国、法国进口回来的精油，经过李静式的包装，她拿到自己的节目《美丽俏佳人》（当时这档节目已经做了两年），在"魔法精油课堂"里讲自己使用的经验和感受。在乐蜂网CEO王立成的记忆中，几乎没花什么推广费，产品就这样卖起来了。

"我们跟以往的化妆品不太一样，像相宜本草、兰蔻等是品牌慢慢做大了之后才找代言人。"李静的做法是，先签约了两个化妆品领域的专业人士小P和梅琳，针对他们的特质分别推出彩妆护肤JMIXP和针对敏感肌肤的JLYNN。一开始并不被看好，但是通过他们在节目中开办魔法学堂，传授美丽心得，品牌逐渐被市场所接受。乐蜂网成立了达人品牌运营中心，由李静亲自负责。今年将新增三个化妆品达人品牌，还有谢娜的欢型。

去年9月份，李静跟《快乐大本营》的主持人谢娜吃饭，谢娜聊到自己的服饰品牌欢型不太好，问李静该怎么办，两人几乎同时提起李静可以尝试运营。第二次见面，谢娜带着红章来到李静的办公室："静姐，盖章吧"。今年1月份，欢型经过重新定位和包装，在乐蜂网正式上线。

其实李静在复制自己成功的逻辑。"我自己做了这么多，觉得里面有一些因素是可以提炼的。我们为什么不能在谢娜的品牌里，把对自我的解嘲，变成服装服饰或者其他产品呢？"

问题是，李静可以被复制吗？

"首先，我们要把李静的静佳做拆解，品牌是怎么形成的，产品是怎么开发的，后端工业链是怎么管理的，怎么销售，形成一套相对完整的逻辑，拿这套逻辑去复制到每一个人身上就好了。除了每个品牌的调性和承载的想象力不同，流程实际上是可以复制的。"王立成说。

在东方风行传媒公司副总经理夏骄阳看来，李静是十三年来《超级访问》这档充满正能量节目的主持人，在圈内口碑好、人缘好，用户认为李静是可被信赖的。所以她是在为达人品牌做信用背书。所以李静拍了一条广告说，"你们信我，我信他们。"

李静信任他们很重要的一个原因是，这些达人基本都是国内化妆品领域亚洲级的评委，对化妆品非常了解，能实时掌握消费者的需求、时尚趋势和产品品质。美中不足之处在于，他们不懂如何运作一个品牌。

实际上，在决定帮谢娜的欢型做运营的时候，自己有没有这样的团队，或者能不能做得特别好，李静还不是很有底。她唯一可以确定的是，但凡她去谈过的艺人和达人，都有意愿推出自己的品牌和产品。"他们特别相信我，我不是一个轻易说YES的人。而且大家都是艺人，她们知道我懂得保护她们。"

直到放开手脚做的时候，她才发现，其实这个事门槛很高。"首先，你要跟艺人有共同语言，艺人要相信你。第二，我们要选择在某一领域很有发言权，甚至有想象力，喜欢琢磨这些东西的达人。"

这不是电商人能解决的问题,有点像大经纪人的概念,需要一些复合性的人才。"其实这套跟唱片系统很像,就是找到你,感觉你能唱什么,再找NR给你做音乐,然后再去宣传Marketing。也恰巧我们有经纪公司,玛格(李静的经纪人)他们这帮人都是打造大腕儿出来的。而且跟每个艺人合作的时候,不是你去使用她,而是帮她去成就另外一个自己。"李静说,她要帮助明星和达人品牌做聚焦,提炼内核。

欢型最初的品类有50个,看过之后,李静砍掉了10个。一切产品都要围绕谢娜不受约束、自我解嘲的风格,所以欢型的服饰也要体现这种态度。要知道,谢娜在新浪微博的粉丝有2700万,而且谢娜本人很清楚,他们都是有些反叛的屌丝,"静姐,你不用分析,我的微博粉丝都是屌丝,你的粉丝都是本科以上。"

在李静式的思维中,乐蜂网将不再是一个单纯的线上渠道,而是演变成了一家品牌运营公司、一个平台。品类不光局限于化妆品,还包括服饰等女性时尚用品。但乐蜂网扩充品类有自己的逻辑,根据已签约达人的特质,推出相应的产品;如果没有,就不做。"谢娜的粉丝愿意来乐蜂买谢娜的东西,这是真正有意义的事情,我们也造就了谢娜的下一个自我。但是这个能力可能不是今天才有的,是过去十年我在这个圈里的信赖和积累。"

这也是李静眼里乐蜂网今后最大的资产和价值,"我一方面鼓励艺人做自己的品牌,帮他们做产品的聚焦,另外一方面在乐蜂上做首发。做好了以后我就会带着一些达人品牌,去更大的平台进行销售,因为这个品牌是我们公司的。我相信他们应该会给我很好的位置,我就不是一个弱势群体了。如果我有了十个艺人,无论是在资本市场还是电商领域,我们都是不可替代的。"

在华平资本投资人、前当当网COO黄若看来,乐蜂网从静佳一个自有品牌拓展到达人品牌,这个路子是对的。首先,自有品牌的品类不可能无限拓宽,不是所有的化妆品都适合自有品牌来做;第二,当渠道达到一定规模,势必想最大程度地体现渠道价值,因此这个时候通过乐蜂网向达人品牌输送潜在的用户是无可厚非的；第三，达人品牌做得好，介乎于名牌和白牌（质量上乘，只有基本包装，没有品牌名称）之间，市场想象空间足够大。

2008年乐蜂网上线，2010年推出自有品牌。李静希望找到自己的特长，以应对电商残酷的价格战。"回想起来，做自有品牌这个策略是对的。"

最好的出路

线上渠道做品牌有些情非得已。艾瑞数据显示，2011年中国化妆品网购规模是372.6亿元，在网购整体中的占比为4.86%（艾瑞表示近两年这个比例已经趋于稳定，所以2012年的数据与此相差不大）。也就是说，大量的化妆品消费行为还是在线下完成的。

这源于许多大品牌根本不情愿触网。电商通过低折扣走量不仅会对品牌造成损伤，对线下市场也是致命冲击。所以大品牌不愿或少量供货给线上，而已经被归属为快消品的化妆品却需要经常补货。供给不平衡导致早期的化妆品B2C领域渠道串货、水货、假货横行，被称为"原罪"。

这只是一方面。化妆品这个品类比较特殊，有人戏称化妆品的生产成本基本可以忽略不计，加价率超过十倍。品牌推广和渠道费用在化妆品价格中的占比，确实一直居高不下，所以品牌商对渠道和价格的把控较其他商品更严格，欲望也更强烈。这导致化妆品线上渠道的定价权薄弱，利润更是没得保证。按照行情，代理化妆品品牌的毛利在10%到20%之间。

相较之下，自有品牌的毛利则要高出许多，产品、价格更能自主把控，而且为传统渠道贡献了绝大部分的利润。香港的化妆品上市公司莎莎集团近两年的销售额都在四五十亿港元，自有品牌的销售额占到总体的40%左右，其中自有品牌的毛利在70%左右。屈臣氏的自有品牌也占到总体销售的近一半。利益驱动足够让线上渠道摩拳擦掌。

"做任何行业，不断地深入上游的供应链，才能够获取额外的利润。李静从始至终的梦想都不是做网站，而是做一个品牌。前两年我们在做一些基础工作，建团队、服务器、网站的开发等等。"王立成说。

如果考虑到时机，化妆品B2C做自有品牌也算不上冒险。在淘宝，针对女性用户做自有品牌最多的品类，除了服装就是化妆品。阿芙、御泥坊等大批淘品牌横空出世，拿到投资不说，销量口碑皆有数据说话。因为互联网的基因大大加速了品牌的孕育和成熟（当然，作为硬币的另一面，也使得品牌可以快速消亡），可以用相对便宜的成本快速推广。如果走欧莱雅、宝洁等大牌的老路，需要的不仅是让创业者不堪承受的财力，更需要时间和精力来慢慢培育品牌。

至于产品质量，天天网创始人鞠传国说："只要控制好生产，自有品牌的质量没什么问题。"这是基于一个事实，即国内化妆品品牌和一些国际大牌的生产都是在国内代工厂完成的。还有一点，一样的产品，自有品牌会追求与大牌相同的质量，甚至要求更高。

据说，一般品牌商找到一家代工厂的时候，对方的开场白是"这东西你准备卖多少钱"。假如最终的售价定在100元，对方会很有礼貌地建议你把生产成本控制在15元以内。品牌商再按照渠道、推广的成本进行分摊。总之，消费者要想把这件商品拿到手，需要付出100块。

"我做自有品牌跟OEM厂子说得最多的一句话是，你不要帮我考虑多少钱的成本，把产品质量做好是关键。一片面膜我知道某大牌的成本也就几毛钱，我是它的四五倍；它卖十几块钱，我只卖7块钱。但我节省了很多广告推广和明星代言的成本，已经有很高的毛利了。"知我药妆的创始人苏海峥说，他做自有品牌都是一个原则，产品质量要最好。他做了一款面膜，叫"杰西卡的旅行"，半年时间卖了100多万片。

"但是，"他追了一句，"如果产品质量不好，所有的事都无法实现。产品质量不好，不请明星代言，又不上电视广告，那你这个产品怎么卖出去？"

当然，对于线上渠道商来说，最大的优势还是在于已经积累了一批数量可观的用户。如果专门针对这部分人群定制几款产品，推广成本更低，转化率却更高。这几乎就是乐蜂网创办的基因，把李静的个人品牌价值转化成商业，将传媒与零售结合。JPLUS静佳是一款属于李静的化妆品，换言之，最有可能购买它的就是通过节目喜欢上李静的那部分人。这部分人用网络语言叫做"粉丝"。

"从这些意义上讲,电商人士通过互联网做化妆品自有品牌是没有问题的。也可以说,从目前电商行业的状况来讲,做自有品牌是他们最好的一个出路。"黄若说,"自有品牌的顾客的忠诚度比较高,毛利率比较高,话语权、定价权比较大。而且在渠道往往已经积累了很多用户,能够在这块深耕。"

鞠传国的观点是:"自有品牌是我们垂直平台以后能活下来的很重要的一点。"目前,天天网的自有品牌只有一款,但鞠传国觉得,"并不算晚"。

"我能待得住吗?"

李静知道,很多B2C平台都在涉足自有品牌,"他们的做法可能就是做一些能产生高毛利的品类,而不是追求这个品牌。我们是想把它打造成品牌,成为公司最大的资产。"对她来说,这是2013年最重要的一件事。

"我们要做出自己的个性,有趣的,阳光的,好玩的,惠而不贵的,能够被大家频繁购买和形成忠诚度的。我们不希望一盒面膜800块钱,60块钱就很好。但是60块钱的面膜真的比800块的差吗?不见得。面膜拿出来敷到脸上,半小时后扯下来之后仍然是湿的,再用面膜把手擦一擦,这是她们内心的需要,我们应该给她们这种快乐。"王立成说。

但是李静不是电商人,"很多东西我不懂。"所以,做乐蜂网和自有品牌的时候,她不同于大多数创始人,带出一个团长,再带出一个旅长。围绕在她身边的,更多的是空降兵。她更像是一场战争的指挥官,发挥调兵遣将的艺术。

"一般的创业团队就是创始人很强势,在创办乐蜂网和静佳的过程中我就变得不是很强势了,就变得不断地去把这些人组合在一起,让大家不断地去往出扔东西,然后我来做这个判断。"李静说,"不能说我拍的板都是对的,肯定有错的,或者说有一些弯路,但是我绝对不是一个不敢拍板的人。"

跟她共事多年的夏骄阳评价李静，学习能力很强。当年，做乐蜂网的时候，别说经营，连一个电商网站应该配备什么样的人，李静都懵然不知。他们一起到各地拜访各种企业，虚心求教。李静甚至把在飞机上用来消遣的时尚类杂志也丢在一边，到了机场就买一堆商业类杂志。这导致公司里掌握外界信息最快的就是李静。不管国内外电商圈发生了什么新鲜事，比如，哪个网站用了试衣间的技术，哪个网站APP特色是什么，都是她第一时间分享给大家的。"这可能就是传媒人的特性。"

在黄若看来，乐蜂网最大的优势正是创始人李静的媒体特性和资源。这笔资源对于电商来说意义重大，直接兑换成人民币也不为过，这是众多电商望尘莫及的。

做自有品牌有两种路径可走，一是避开大牌的主流产品，做精油、面膜这类细分产品；第二种是追随，大牌什么卖得好，就跟着做什么。常规推广方法的首要一步就是跟着用户购买的大牌产品送试用装，接着做该品牌的促销活动，以低价吸引客流，建立起一定的品牌认知度，在天猫、淘宝的一些显要位置推送硬广，再往后免不了要请明星代言，在传统媒体打广告。当然，这是一笔不小的费用。

苏海峥想了一个办法：一盒印着"知我药妆"、质量上乘的化妆棉起初以9.9元的低价倾销，随手还赠送10块钱的现金券。后来，在用户下单时默认免费赠给用户。目的只有一个"这盒化妆棉到了你的梳妆台上，至少要待一个月。互联网的一个用户拉来很贵，那我把它看作媒体，全送你，无非就是几块钱。"

黄若帮我们算了一笔账。化妆品B2C的客单价普遍在200块左右，假使一个用户一年在此重复消费4到5次，一年的消费额就是800到1000块。假设化妆品的毛利在20%左右（相比其他商品，化妆品毛利已经算是很高的了，3C类产品只有5%左右的毛利），这个用户一年贡献的毛利最多也就200块。刨除运费、网站运营费等成本，所剩寥寥。问题是，这个用户如何得来？即使保守估计，获取这个用户的成本也至少需要100块。

"按电商目前这种毛利结构、顾客购买频率的情况，获取用户的这个成本是不堪承受的重负。"黄若说，这项成本也正是电商目前最大的一笔开销。相反，乐蜂网通过媒体用较低的成本积累了大批用户，而且一旦产生购买，用户就会对品牌建立起一定的忠诚度。

"李静是一个入口，把她的精神赋予到了产品和品牌中。当你拿到一款产品的时候，感觉是拿到了李静的产品，是她的调性，她的态度。很多化妆品国际大牌都是使用了人名，承载的是他们的内涵。"王立成说。有人计算过，乐蜂至少节省了几千万元的推广费用。

乐蜂网创办之初，大家围坐在一起讨论该卖点什么好。夏骄阳提议："你们最好去问一下《美丽俏佳人》的导演。因为每期都会植入一些产品，今天播后，观众喜不喜欢，明天一早的收视率就摆在导演的办公桌上。"这种跨界整合有助于乐蜂掌握消费者的需求动向。

不可否认，但凡通过《美丽俏佳人》推荐的产品，叫好又叫座。"国外同类型的节目都是如此，基本都是今天电视推，明天断货。"但电视节目不是万能钥匙，夏骄阳知道它的危险性，"这种节目做不好就变成电视购物了。"

而且对于乐蜂网来说，目前既没有完全丢弃渠道，彻底拥抱品牌，还同时释放出各种信号转向品牌运营平台，这种站在跷跷板两头的处境对于公司长远的发展也是一大挑战。"一个公司最后还是要定位，就是你的屁股是坐在渠道上，还是坐在自有品牌上，可以两者都有，但肯定得有一个主次，这是一种做法。"黄若说。

摆在李静面前的商业命题不止如此。"签了一堆人，每个人都睁着眼睛看着我，想知道她什么时候能红，这是一种压力。所以中间一段时间也会有累的感觉，因为的确特别辛苦。但是在这个行业，我觉得还挺引以为骄傲的。我没有那种完全输不起的心态，跟谁变脸要怎么样的，或者拼命啊，责怪别人，我从来没有。"

李静是一个自我调节能力很强的人，在身边的人看来，她永远都是那么精力充沛，乐呵呵的，像个"二姐"。"所以，有时候我又特别像猎人，看见一个好猎物就想扑上去，这可能是我骨子里的一种东西。每次抱怨的时候是一种感受，但是看到一个好的机会就变成另外一种状态。现在我反而接受这种生活了。我也会倒过来想，如果我现在什么都不做了，我能待得住吗？我甘于平淡或者说愿意在家待着吗？我觉得我根本就不是那样的一个人。"

李静创业心得

在很多场合李静都叫苦，因为偶然的机会认识了红杉资本创始合伙人沈南鹏而被忽悠起来创业，做乐蜂网，做自有品牌。上了创业这条"贼船"之后的李静在想些什么？

中间一段当然会有挺累的感觉，因为的确特别辛苦，最大的辛苦是改变了我的生活方式。所有的日程变得特别忙碌，有时候有点喘不过气来，那时候心情会不好，就会觉得为什么要选择给自己这么多的责任？

其实我曾经后悔过，有那么一两天我觉得好沮丧。为什么所有明星往那一站就赚了几十万的时候我特别羡慕。这个公司弄了半天，还没有站的那些人利润高，我就不明白这个行业是什么意思。

我心里调节能力挺强的，不太需要倾诉什么。因为我做主持人，其实内心挺强大的。来的很多是陌生人，你要跟对方很快地进入交流状态，那已经是我生命中的一种能力了。

我跟老公聊得比较多，他搞摇滚，搞文艺，就是文艺青年。他教给我很多，比如做每一件事情，都要做得最好，然后永远要跟一流的人合作。我有一个特别奇怪的想法，我老公第一个支持，而且他特别喜欢我在外面折腾，因为他特安静也不爱说话，我在家他嫌闹腾。

摘自《创业邦》2013年02月号

关注"国内立体商标争议第一案"背后

姚 芃

雀巢"抡"起"瓶子"向中国酱油瓶"开砸"

春节一过,天气日渐转暖,可是,中国的酱油生产企业却面临着一场寒流:雀巢公司以包装"瓶子"(见右图)立体商标为武器向中国的酱油瓶"开砸",这场寒流的前峰已到达广东省开平市,未来将涉及到整个酱油行业,因为,在中国市场上,棕色方形瓶早就是调味品行业中高端酱油的常见包装。业内认为,这是国内立体商标争议第一案。

据来自开平市食品行业协会的消息称,2008年10月,雀巢公司向开平市的味事达、广中皇两家公司发出警告函,向开平市工商局投诉开平市的民丰、味香皇、和味香三家企业,称雀巢在食用调味品上享有注册号为G640537号"瓶子"的注册商标专用权,开平市的这些调味品企业在酱油等产品上使用与该商标近似的棕色方形瓶包装,侵犯了其商标权,要求这些企业停止侵权,销毁涉嫌侵权物品。

据悉,除上述被投诉或警告的5家企业外,仅开平市就有28家规模以上企业在生产使用棕色方形瓶包装的味极鲜等酱油。

事件追踪一:早就是中国市场高端酱油的常用包装

在中国酱油瓶挨"砸"的当口上,开平市行业协会首先站了出来明确表示，味事达生产的酱油从1983年就开始沿用该包装，1991年就为使用方形瓶的瓶贴申请外观设计专利。雀巢公司2007年才取得包装"瓶子"立体商标注册，这应该是个注册不当商标。

据开平市食品行业协会介绍，1983年就开始沿用该包装的味事达公司的"味事达"品牌具有很高知名度，是中国驰名商标。央视市场研究股份有限公司调查证明，"味事达牌"味极鲜方瓶装酱油连续五年在全国15个主要城市总体的方瓶包装酱油市场中，市场金额及数量的占有率均为第一。2001年至2003年，味事达使用棕色方瓶的"味极鲜"酱油销售额每年都达到上亿元，市场占有率远远超过了雀巢公司。

该协会提供的情况显示，从上世纪八九十年代以来，中国内地调味品行业使用棕色方形瓶作为其产品包装的企业约在上百家左右，棕色方形瓶早就是调味品行业中高端酱油的常用包装。

我主管部门对此类公告从不用中文在国内公告。

事件追踪二：中国企业不看国际公告雀巢"捡漏"

雀巢公司申请"瓶子"商标最终能在中国获得注册，一个重要因素是得益于中国企业"睁着眼睛不看世界"，让雀巢公司"捡"了个大"漏"。有此看法的人不在少数。

雀巢公司在其警告函中称，"瓶子"是由 Julius Maggi 先生设计的，这一瓶型被雀巢公司沿用了一百多年。雀巢公司上世纪70年代末80年代初期通过香港向大陆出口使用该瓶子包装的"美极"鲜味汁产品。1992年，雀巢公司在中国成立了东莞美极有限公司，"瓶子"从那时起进入了中国市场。

1995年2月9日，雀巢公司的"瓶子"在瑞士取得商标基础注册，1995年7月27日，该商标取得国际注册，申请指定了好多个马德里协定成员国，包括中国在内。

据了解，商标的国际注册，首先是申请人在原属国申请或者取得注册，以此向世界知识产权组织国际局申请注册，同时通过领土延伸向马德里协定成员国指定申请商标注册，国际局只作形式审查、发布公告并送达申请人指定的成员国。成员国通过实质审查，或核准，或驳回，然后通过国际局公告。

对于立体商标的国际注册，好多国家通常都是根据本国情况而定，国内若没有相关产业，可能会核准，若有的话一般是驳回申请。如日本对酱油需求量比较大，有类似的产业，因此"瓶子"商标在日本被驳回了，在新加坡也被驳回了，在西班牙也受到了最终驳回裁定，在德国也被最终驳回。中国曾对它发了两次最终驳回裁定，一次是针对它1995年的申请，另一次是针对它2002年的后期指定。

雀巢公司2002年3月14日向中国提出"瓶子"立体商标国际领土延伸后期指定，2002年11月27日国家商标局驳回了该商标申请。2003年1月14日，雀巢公司向商标评审委员会申请驳回复审。2007年6月11日，商标评审委完成复审作出决定，认为"该商标的三维标志通常会被消费者认为是商品的容器，本身难以起到区分商品来源的作用，但雀巢公司在驳回复审程序中提供了大量使用证据，足以证明该标志已经起到了区分来源的作用，具备了商标应有的显著特征"，给予初步审定，并由世界知识产权组织国际注册局进行公告。中国商标主管部门对此类公告一直不用中文在国内公告。

由于国内企业很少关注国际公告，该商标异议期满便顺利获得注册，核定使用在第30类3018类似群组"食品香料"商品上。而众多中国使用方形瓶的企业对即将由此带来的灾难性后果却浑然不觉。

法律会诊：立体商标注册不当，可申请撤销

"瓶子"商标纠纷已引起业内和法学界的高度关注。日前，北京务实知识产权研究中心组织知识产权专家对该商标进行了会诊。

不符合商标法和国际通行原则

据介绍，立体商标的保护在国际上的时间很长，但数量不是太多。中国对立体商标的保护始于2001年修改商标法以后。法律对立体商标有特别的限制，强调必须有长期使用形成的显著性才能注册。

全国人大法工委巡视员何山指出，这个商标在瑞士注册早，但是，根据地域原则，你在那个地方可以区别商品来源，在那个地方可以注册，在那个地方的保护是正当的。而在中国2001年开始保护立体商标之前，二十年来这种包装在市场上已经被中国的企业广泛使用，消费者已经把这种包装视为很多企业普遍使用的包装，这种情况下它已不具有商标区分来源的特征了。

中国人民大学教授刘春田认为，中国的企业在中国的法域靠自身的质量、服务，二十多年来用这种瓶子作为包装，在中国形成了同类产品企业公用的商业信誉。已经公用的东西再把它私权化，不符合我国商标法的规定，也不符合国际通行的原则。因为它的市场信誉是中国企业共同创造成的，所以雀巢注册"瓶子"是不恰当的。

雀巢公司有滥用授权程序嫌疑

中华商标协会专家委员会主任董葆霖认为，雀巢公司在2002年向中国申请"瓶子"商标注册时，强调通过使用产生了显著性，但是，向商评委提供证据材料时隐瞒了它所知道的别人已经在先使用的事实真相，这种情况下取得注册的合法性要质疑。

对此，中国政法大学副教授、原北京市第一中级人民法院民五庭庭长张广良认为，雀巢公司在注册商标的过程当中隐瞒了明知的事实，说它有不正当注册或者欺骗手段注册都是可以的。虽然表面上看起来它在程序上是合法的，但是它通过形式上合法达到非法的目的。雀巢公司有可能构成滥用授权程序。

中国企业要积极启动撤销程序

中国社科院教授李顺德及其他专家们一致指出，对作为产品包装的立体商标，法律特别强调必须有长期使用形成的显著性才能给注册，在中国市场，这个商标已经不具有可识别的显著性，基于实际情况，中国企业要积极启动撤销程序，不能让它继续合法存在。

【记者手记】

商标主管部门应正视国内情况

百密就怕一疏。雀巢公司"瓶子"立体商标申请曾被我国商标局两次驳回。但由于国内企业很少关注世界知识产权组织的国际公告，因而未能在异议期内提出异议，致使该商标于2007年在异议期满后顺利获得注册。记者发现，许多人士谈到此时的心情，仿佛被打的不是酱油瓶，而是打翻了五味瓶。

采访中了解到，根据世界知识产权组织的规定，各成员国对商标国际注册公告，必须在该组织国际局发布，在各国内则可发可不发。一直以来，中国对国际注册从来不用中文在国内公告。

有专家认为，目前"公告"至少涉及两方面的问题。一方面是我国社会正处于转型期，企业在许多情况下，往往"睁着眼睛不看世界"，"瓶子"立体商标问题就是一个活生生的例证。那么多企业在不知不觉中就落入了别人的火力范围。教训应该让中国人深刻记住，以避免再付出惨痛的代价。

另一方面是我们国家商标主管部门的事情。如我们眼下的国情，企业的"国际意识"不是三年两载能培养起来的，政府主管部门应以服务公众为出发点，从公众需求的角度来审视公告流程，充分动用信息技术的手段和成果，为公众获取信息提供方便。因此，有专家建议，主管部门对商标国际注册应建立国际、国内同时公告的"双轨制"，从而防止因信息闭塞带来不必要的麻烦和损失。

【相关链接】

商标法第八条：任何能够将自然人、法人或者其他组织的商品与他人的商品区别开的可视性标志，包括文字、图形、字母、数字、三维标志和颜色组合，以及上述要素的组合，均可以作为商标申请注册。

三维标志商标又称为立体商标或外形商标，是指用具有长、宽、高三种度量的三维立体物标志构成的商标标志，它与我们通常所见的表现在一个平面上的商标图案不同，而是以一个立体物质形态出现。

摘自《法制日报》2009年2月5日

论消费者在商标法上的优越地位

李东海

发达国家的商标法立法进程告诉我们，商标法与反不正当竞争法异名而同源，市场秩序与消费者保护构成了商标保护的正当性基础。早期商标法注重对于经营者竞争行为的规范，关注消费者是否受到了混淆或者欺骗，而不在意商标本身是否以及在什么程度上具有财产价值，更不在意这种财产价值的归属。美国在制定《兰哈姆法》时，参议员委员会曾指出，商标保护的只是商誉，它旨在通过制止盗用来防止他人不当抢夺商标所有人的客户，商标保护的是防止公众误认的权利。[①]

立法者之所以要对商标进行保护，其目的在于实现作为消费者的社会公众免受混淆和欺骗的权利，而依靠单个的消费者不太可能提起的诉讼，消费者将永远无法得到充分的保护，因此，商标权人的诉讼不仅代表其个人利益，也代表了公共利益。也只有在这个意义上，商标权人通过公共财政支持的政府所获得的保护才有正当性。因此，消费者及其所代表的公共利益构成了商标法着力保护的目标，"标记本身没有意义，只有在和特定的商品和特定的商誉相联系时才值得保护……因此，关键是保护公众，而不是商标所有人，充其量是在保护公众获取正确信息的意义上保护商标所有人。"[②]

商标权以及商标财产属性仅仅是为实现这一目标所为的制度选择和建

[①] S. Res. No. 1333, 79thCong. 2d Sess. （1946）. 转引自李雨峰：《企业商标权与言论自由的界限——以美国商标法上的戏仿为视角》，《环球法律评论》，*Global Law Review*, 2011年第4期。
[②] 黄晖：《驰名商标和著名商标的法律保护》，法律出版社，2001年版，第58页。

设的副产品，虽是无心插柳却柳成荫。然而对于商标权、商标的私有财产属性过度强调将不可避免地导向商标崇拜，进而模糊了商标法的立法目标，消解了商标法、商标权甚至商标存在的正当性基础。例如路易威登公司与影片《宿醉2》之间的商标权诉讼中不仅表现出了将商标权绝对化的趋势，也显示出了商标与言论自由之间的紧张关系。这种倾向事实上已经背离了我们之所以建立商标法律制度的目标和追求。商标法的发展越来越服从于商标所有人的需要，而消费者的利益只能转交其他法律来调整。从结构上讲，这种转交是危险的。因为，只要对消费者的保护仍然是商标法的主要目的，对公开授予的垄断特权私人利益就必须与该目的一致。[①]手段应该为目的所规定，如果我们混淆了手段与目的，那么就只会在错误的方向上渐行渐远。

一、消费者与商标诸功能

从某种意义上讲，标记的基本作用就是使被标注的商品与众不同。区别不只是在商品上使用商标的目的，同时也是使用商标的自然结果。虽然商标以区分商品或者服务为其基本属性，但是提供关于来源的信息在现在及过去都不是商标的唯一功能。相对商品的出处，消费者更想了解商品的质量信息。一旦消费者拥有某一特定商标商品的经验，商标的意义就会扩展到传递有关该商品或该制造商生产的其他类别商品的质量的信息。因此商标便逐渐地代表着那些商品生产商的声誉。[②]商标的诸功能构成了商标存在的意义，也构成了商标权的正当性基础。消费者与商标诸功能之间的关系也构成了证成消费者在商标法上优越地位的逻辑起点。

（一）区分功能

商标的功能即商标的有用性，虽然学者们对于商标功能有着不同的表述，但一般而言学者们都承认商标至少具备区分功能、质量保障功能以及广

---

① [澳]彼得·德霍斯：《知识财产法哲学》，商务印书馆，2008年5月第一版，第214页。
② 同上，第213页。

告宣传等功能。商标前述功能的实现并非仅仅依赖于商标使用者自身的使用行为，无论商标的使用者基于什么样的意图在商品或者服务上使用标志，在判断该标志的性质以及该标志是否构成商标法意义上的商标时，决定性因素在于消费者对于该标志的认知，而非商标使用者的使用目的。商标之所以应当得到保护，更多是因为商标本质上并非商标权人的私产，而是商标权人与消费者共同作用的结果。

就商标的本质而言，其价值所在绝非标志本身，而是标志所代表的信息。这种信息是商标的权利人通过商业行为赋予商标的特定信息——商标与商标权人之间指向性关系。在早期，这种商业性联系直接指向商标的生产者，无论这种指向最初的目的是什么（追究产品责任抑或彰显生产者身份），客观上成就了商标最本质最重要的功能——区分功能。"商标之原始功能（the primary function）在于表示商品之来源或出处（to indicate source or origin），且与其营业具有不可分离之关系，否则商标即失去其意义。"①

然而，当商标的使用者将其商标推向市场时，消费者不可能预先充分了解商标使用者的意图，消费者也不必这样做，因为消费者无需探究商标使用者的使用意图，他可以自行决定商标的意义。

在各国商标法以及林林总总的商标理论中存在着一个共识，即一个标志成为商标的前提是具有显著性。所谓显著性又有固有显著性与获得显著性之分，是指商标能够区分不同商品或者服务来源的能力，即使该来源是匿名的。固有显著性是指一个标志具有天然的显著特征；获得显著性是指一个缺乏固有显著性的标志通过长期、连续使用而产生新的含义具备识别商品的能力时，该标志即被视为具有了显著性。② 进而依显著性的强弱程度将商标划分为臆造商标、任意商标、暗示性商标和描述性商标。这种划分最大问题在于单纯地将显著性归结于标志自身所具有的属性，忽略了商标的受众——消费者对于商标显著性的观察主体地位。归根结底，商标显著性的有无是一

---

① 曾陈明汝：《商标法原理》，中国人民大学出版社2003年版，第10页。
② 吴汉东：《知识产权基本问题研究》，中国人民大学出版社，2005年第一版，第529、532页。

个事实判断问题，是主体对于客体的认知结论，我们无法想象脱离认识主体的结论的真实性与客观性。因此也无法在消费者缺位的前提下对于商标的显著性直接进行判断。所谓固有显著性不过是商标审查者代表消费者对于商标显著性进行的初步判断而已，这种判断的可靠性与准确性最终还是要由消费者来进行检验。之所以允许具有固有显著性的标志作为商标注册，主要是为了减少制度实施成本而进行的法律拟制①。而各国商标法中关于获得显著性或者第二含义的规定，则更进一步说明了消费者对于商标显著性有无问题上的判断主体地位，同时隐喻着对商标显著性初步判断的否定。更重要的是，商标法关于获得显著性或第二含义商标的可注册性规定，说明显著性并非纯粹来源于标志本身也并非来源于注册行为，而是来源于标志的实际使用。商标在市场上的使用是检验商标是否具有显著性的根本标准。一个本来不具有商标法意义上显著性的标志何以能够获得显著性？该显著性又是从哪里获得的？这不仅取决于商标使用者的使用行为，还取决于消费者对于这种使用行为所产生的印象。

从逻辑的角度分析，商标是区分不同商品或者服务来源的标志，如果未曾实际使用，无论具有何种显著性的标志，也无论是否已经注册，商标的区分功能是无法实现的，消费者亦无从借以区分商品或者服务的来源。而只有当消费者能够借以区分商品或者服务的来源时，该标志才是具有显著性的。因此，商标的显著性更多的是消费者对于商标使用行为认知的结果，而非商标使用者或商标授权机关预设的结论。商标退化现象也说明在商标注册时，商标是否具有显著性的判断仅仅是一个初步推定，只有在商标使用者与消费者之间的互动中才能够得到相对准确的认定。商标退化现象以及获得显著性的规定，都充分说明商标的显著性依赖于商标的使用而非注册机关的注册，依赖于消费者的认知而非商标审查人员的判断。而显著性是实现商标诸功能的基础，因此商标功能的实现亦有赖于消费者的参与。

从商标注册与保护的实践可以看出，商标的显著性存在与否并不总是那

---

① 文学：《商标使用与商标保护研究》，法律出版社，2008年第一版，第21页。

么清楚的。而注册机构采用什么样的标准来判断一标志是否具有显著性则是明确的。注册机构是以普通消费者而非专家的标准对商标的显著性有无进行判断的。这样的标准说明只有消费者才是检验商标是否具备显著性的认识主体。

（二）质量保障功能

商标具有多种功能，但是除区分功能之外，其余功能均非商标的本质功能，是依附于商标的区分功能而存在的。商标的质量保障功能之所以能够得到认可，是基于一种经济学而非法学的分析方法证成的。即，如果不能够区分不同商品的提供者，商品的生产者就没有保证商品质量的内在动力和经济激励。唯有在生产者能够确保自己的商品被准确识别（或识别的可能）的前提下，商品质量才可能成为商品生产者的重要关注点。假冒商品令人担忧的低劣质量充分说明了，在无法区分生产者的情况下，商品生产者对于商品质量的漠视。因此，一般意义上，商标区分功能构成了商标质量保障功能的前提与基础。

商标质量保证功能的实现其目的在于商品的消费者能够免受质量低劣商品之害。消费者在经历了不愉快的购物体验之后能够依据商标来避免再次沦为低劣商品的受害者。由此可见，商标的质量保障功能最终的受益主体是消费者，而质量保障功能实现的前提在于消费者能够藉由商标的区分功能有效识别不同的商品。如前所述，商标区分功能的实现依赖于消费者的认知，因此，消费者的利益构成了商标质量保障功能的目的，消费者本身是商标质量保障功能实现的标准。

（三）表彰功能

随着现代企业生产的智能化、自动化，普通消费品之间的品质呈现出一种趋同的趋势，品质上的细微差别对于满足消费者的使用需求及购买决定并无太大影响。消费者在这种市场环境中依据商标选择商品主要是为了满足心理需求。"许多购买品牌商品的人是为了向他人表明,他们是特定商品的消费者"①。以商标为核心的市场营销不仅仅满足了消费者的识别要求,还通过各种广告宣传来满足消费者的个性化精神需求。通过广告来赋予商标特定的内涵,强化商标的表彰功能。在这种情况下,商标成为消费者进行选择重要甚至是最重要的考量因素。"NIKE"在中国的离岸价格为10美元,在美国市场上却能卖到160美元。消费者之所以愿意花高价购买,是因为"NIKE"商标具有很强的表彰功能,穿"NIKE"鞋是某种身份和兴趣的象征②。

商标表彰功能的实现主要是通过两个途径,一是具有消费经验的消费者之间的口口相传;二是通过各种媒体向潜在消费者进行广告宣传。现代传媒兴起之后,众多企业经常在媒介上经由商标推销自己的商品,以使自己的商标众所周知,并培植忠实的消费者。③

就生产者而言,没有商标的中介将不可能培养消费者的品牌忠诚,生产者也无法向消费者传达商品的特性,所有广告促销将成为无源之水、无本之木,整个市场营销也将迷失方向,陷入混乱。④就商标表彰功能的实现而言,不能够想象没有消费者的情况,消费者构成了商标表彰功能实现的基础。消费者不仅仅是商标表彰功能的受众,同时消费者对于商标及其所传达的信息的理解和接受,决定了商标表彰功能能否以及在何种程度上的实现。

二、消费者与商标的财产价值

从历史的角度观察,早期商标的出现事实上是为了满足表明所有权以及实现行会控制的工具。藉由在商品上与众不同的标志,商人能够在海难事故

---
① Richard A Higgins and Paul H Rubin, "counterfeit goods", 29 Journal of Law and Economics 2119 (1986)。
② 中华全国律师协会知识产权专业委员会编《商标业务指南》,中国法制出版社,2007年5月第一版,第13页。
③ 李雨峰:《企业商标权与言论自由的界限——以美国商标法上的戏仿为视角》,载《环球法律评论》,Global Law Review,2011年第4期。
④ 黄晖:《商标识别与表彰功能的法律保护——从制止混淆到制止联想》,《知识产权文丛第5卷》,方正出版社,2001年4月第一版,第244页。

之后凭借该标志主张自己的所有权，行会可以凭借该标志识别出生产不符合质量标准商品的生产者，进而追究其质量责任；同时行会还可以凭借对于该标志的独占性使用垄断相关的商品市场。因此，囿于中世纪时期商品经济并不发达的历史现实，商标尚未发展成可以独立于商品生产者而独立存在的无形财产。这一社会现实反映在早前的商标法律制度上，就表现为立法者并没有将商标视为是一种有价值的财产，而是将其视为一种不能够与商品的生产相分离的标识工具，禁止商标的单独转让，要求商标必须连带营业转让。

然而随着商品经济的逐步发达，全球化市场的逐渐形成，传统购物模式的转变，商标愈来愈成为消费者在识别和选择商品时的重要工具。而由于商标法对于商标禁用权的保护，商标的表彰功能进一步得到了加强，生产者可以通过商标的使用与保护直接与消费者进行信息交流，这种商标功能的强化使得商标作为商品"无声的销售员"而获得了独立的财产价值，生产者可以藉由商标的使用而获得额外的利润。商标法提供的保护是商标具有财产价值的前提，而商标财产价值的实现又反过来要求商标法提供更强有力的保护。在这样交互运动中，商标的财产价值不仅得到立法者的肯认，也获得了社会的共识。

商标价值是指商标在投资或经营过程中作为资产的价值，即商标资产所含资本量的大小。商标的价值形成基础是商品，其价值大小源于消费者心目中对产品产生的依赖感、信任度。[①] 商标的形式是符号，但只有指代市场信誉的符号才是商标[②]。商标的财产价值并不取决于商标是否注册，而取决于商标由于广泛实际使用而产生的知名度，换言之，其价值取决于消费者对于该商标所标识商品的认可程度。

商标给商品所附加的额外利益是商标成为财产的前提，这种额外利益体现为增加商品或者服务的市场竞争力，维系消费者对于所标识商品或者服务稳定质量的信赖，为商品或者服务附加额外利润。就商标的使用者而言，

---

① 丁丁、文平：《商标价值形成的动因及其评估》，载《金融经济》2011年第22期，第58页。
② 李琛：《商标权救济与符号圈地》，载《河南社会科学》，2006年1月，第65页。

商标一方面可以为其带来直接的竞争上的优势，另一方面则可以成为累积企业信誉的载体。这两种功能的实现依赖于商标在相关市场上的唯一性，即商标的工具属性——区别性。就市场管理者而言，这种附加利益是保护商标的结果；就商标使用者而言，这种附加利益是使用商标所获得的额外报酬。因此，无论是从市场管理者的角度还是从商标使用者的角度来看，商标的基本功能所带来的附加利益都具有获得保护的必要性和正当性。至此，建立了商誉的商标除了可作为区分工具予以使用以外，其自身亦成为受法律保护的独立财产。

正是由于消费者的认知才形成了商标保护的价值所在，消费者认知的变化构成了商标价值变化乃至存续的基础。回想一下一夜之间臭名昭著的"三鹿"商标，还有那些已经成为通用名称的"jeep"、"阿司匹林"等商标，消费者的认知对于商标之影响可见一斑。因此，将商标权视为是一种与消费者无关的垄断性财产权利无疑是对商标保护基础的颠覆，更有消解商标权存在意义之危险。

三、消费者与商标侵权的判定

（一）混淆标准

纵观各国商标法，并非任何使用注册商标标志的行为都构成商标侵权，各国都以可能造成消费者的混淆为判断侵权的标准。"混淆标准"意味着，在考量被诉行为人是否侵害了他人的商标权时，以消费者对商品/服务来源是否发生了混淆作为判定的标准。如果某一行为造成了消费者的混淆（或混淆的可能），该行为就构成了侵权；否则，就没有构成侵权。[1]

在判断一个标志是否是商标时，消费者才是判断的主体，而不是商标的使用者，消费者对于商标的价值形成具有决定性的作用。商标使用者所有的一切努力都致力于使消费者确信该标志为商标，并因其经营活动和商品质量

---

[1] 李雨峰：《重塑侵害商标权的判定标准》，载《现代法学》2010年第6期。

而产生信赖,而这种信赖可以给商标使用者带来额外的利益。从这个意义上讲,商标的价值是消费者赋予的。既然商标的含义是由商标使用者以外的消费者所赋予的,那么在判断商标是否受到侵犯也应当采用消费者的角度,而非商标所有人的角度来进行观察。

我国商标法规定未经商标注册人的许可,在同一种商品或者类似商品上使用与其注册商标相同或者近似的商标的行为,属于商标侵权行为。同时,《最高人民法院关于审理商标民事纠纷案件适用法律若干问题的解释》中对于商标相同和近似以及商品的相同或类似分别进行了具体的规定。二者的共同之处在于以相关公众的一般注意力为标准。对于相关公众,该司法解释限定为与商标所标识的某类商品或者服务有关的消费者和与前述商品或者服务的营销有密切关系的其他经营者。因此,我国商标侵权的判定标准归根结底要以消费者的认知为标准。消费者的认知划定了商标权的保护范围,决定了商标侵权行为的存在与否。

(二)淡化标准

虽然最早的有关商标淡化的案例发生在德国,但是学者 Frank I.Schechter 因其1927年《商标保护的理性基础》一文被誉为"商标淡化理论之父"。文中 Schechter 援引了德国1905年KODAK案和1924年ODOL案中的判决,认为维持商标的显著性构成了商标保护的理性基础,臆造的和任意的商标应当比常用的标记、文字或短语获得更广泛的保护[①]。该文虽然被誉为淡化理论的开山之作,但是 Schechter 并未完整地提出商标淡化的概念,而是主张完全地取消商标法的消费者混淆模式,代之以承认商标的独特性为一种财产权[②]。其后的数十年内,商标淡化理论始终未能得到美国联邦一级的立法承认,虽然1947年马萨诸塞州第一个制定了州反淡化法案,但是直至1995年

---

①See Schechter Rational Basis of Trademark Protection 40.harv.l.rev.814 1926—1927。
②See James Robert Hughes The federal trademark dilution act of 1995 and the evolution of the dilution doctrine—is it truly a rational basis for the protection of trademarks?Heinonline—1998 det ,c,l,rev.760。

《联邦商标淡化法》才正式出台。2006年美国又对该法案进行了修正，即所谓的《商标淡化修正法》。但是诸如淡化、弱化以及商标使用等反淡化法的核心概念仍然是不确定且难以理解的①。

与此相对应的是，虽然《保护工业产权巴黎公约》第六条之二以及TRIPS协定第14条对于驰名商标提供特殊保护的规定，被认为是国际条约中有关淡化标准的应用②。但是除美国商标法《兰哈姆法》外，各国商标法大都没有对于淡化进行界定。有学者认为淡化标准所保护的驰名商标"并不是商标法上的一种特殊商标，而是法律为所有商标提供的一种可能的特殊保护"③。淡化标准实质上是对符合特定条件的商标的例外保护，只能是商标保护的特例而非常态。

商标的知名度是累积而成的，一个驰名商标的知名度也是从无到有一点一滴地发展起来的。那么在淡化标准仅仅限于对驰名商标提供保护的情况下，到底是在何时、何种条件下，一个原本只能受到混淆标准保护的普通商标可以发展成为一个受到淡化标准保护的驰名商标？由普通商标而进化成为驰名商标，这一量变到质变的过程中的临界点在哪里？商标需要怎样的知名度才能够成为一个驰名商标？对这一问题进行明确回答的前提是，客观上存在着一个用来判断商标知名度高低的标准。事实告诉我们，消费者的认知构成了这样的标准。淡化标准应用的前提是客观上存在的驰名商标，而驰名商标的认定要素中，在消费者当中的知名度是最为重要的要素。同样的，应用淡化标准来判定是否构成商标侵权行为时，消费者的"联想"亦是决定性因素之一。商标淡化行为的判定是以消费者的角度而非商标权人的角度进行观察的。

---

①See Graeme B. Dinwoodie Mark D, Janis Dilution's (still) uncertain future Michigan Law Review First Impressions [vol105:98].
②历瑶、孟繁超：《商标淡化制度的保护实质》，载《中华商标》，2009年第6期。
③唐广良、董炳和：《知识产权的国际保护》，知识产权出版社，2002年出版，第359页。

四、结语

在商标法对于商标权日益加强的保护态势下，商标权人获得了更强烈的独占商标的冲动。这种冲动表现在实践上就是对于商标私有财产属性的过分强调，将商标权类比于以有形物为基础的所有权，商标成了被商标权所垄断的符号，任何未经商标权人许可的使用都被指控为商标侵权。商标侵权不再与商标使用相关，商标侵权也不再考虑是否存在竞争关系。[1]

学者们对于商标权的认知与商标权人却有很大不同："商标权只是在于阻止他人将他的商品当成权利人的商品出售，如果商标使用时只是为了告之真相而不是要欺骗公众，我们不明白为什么要加以禁止。商标不是禁忌"[2]。

消费者或隐或现的存在于商标法的各个制度当中，正如鱼儿离不开水一样，我们无法想象没有消费者的商标法。商标也只有在消费者的这个汪洋大海当中才有存在的意义和价值。无论是商标的目的、功能以及商标的保护均无法脱离消费者而单独存在。消费者的利益构成了商标法上的隐喻。

摘自《中华商标》2013年第4期

---

[1] 具体案例可以参见LV公司针对《宿醉2》的商标侵权指控，以及LV针对上海某房地产公司的商标侵权指控。
[2] 韩赤风等：《中外商标法经典案例》，知识产权出版社，2010年1月第一版，第82页。

赫德与中国《商标注册试办章程》

董葆霖

赫德 Hart，Sir Robert（1835.2.20—1911.9.20），字鹭宾，生于爱尔兰亚尔马郡波达当。中国清政府雇用的英籍官员，长期任中国海关总税务司。1854年由英国外交部派遣来中国，任英国领事馆官员。1859年为中国海关广州副税务司。1863年11月继英国人李泰国担任第二任中国海关总税务司。他制定了一套由外国人控制管理的中国海关制度，1865年在北京设立总税务司署，统管全国三十多个海关，控制清政府的财政收入，从而干涉中国的内政、外交。他积极钻营扩大权力，以至于把海关税务司的权力范围扩大到征收通商各口岸的常关税、民船贸易税等。1895年雇用西方人员700名，每年税收达2700万两（白银）。1896年起又管起邮政。他以顾问身份参与清政府与西方国家间的各种交涉。他凌驾于海关监督之上，把总理衙门也不放在眼里。清政府封他为太子少保头衔，朝廷也对他唯命是听。1908年赫德告假回国，至死卸职。计任中国海关总税务司达四十八年，为帝国主义对华侵略费尽了心机。

赫德是中国第一部商标法规——《商标注册试办章程》的炮制者。作为文明发达的古国，中国是使用商标最早的国家之一。但由于长期封建统治的轻商政策，商品经济发展缓慢，商标仅由民间商人行会管理。中国官方商标管理是伴随着帝国主义在华倾销商品开始的。帝国主义侵略者为了保护其在华利益，强迫清政府签订了一系列不平等条约。1902年（光绪二十八年）

《中英续议通商行船条约》第七款规定，"中国现亦应允保护英国贸易牌号（Trade Mark ——商标），以防中国人民违犯迹近假冒之弊，由南北洋大臣在各管辖境内，设立牌号注册局一处，派归海关管理其事"。其他帝国主义国家也胁迫清政府保护其商标。当时，控制中国海关的正是赫德，《商标注册试办章程》就是由其人拟定，1904年6月奏准光绪皇帝，成为中国历史上的第一个商标法规。

《商标注册试办章程》共28条，是循从中英不平等条约规定，保护帝国主义者侵华利益的章程。如章程第2条规定"设立注册局所一处"、"津沪两关作为商标挂号分局"；第6条规定了"呈请在先原则"；第7条却规定"在外国业已注册之商标，由其注册之日起，限四个月以内将此商标呈请者，可认其在外国原注册之时日；第25条规定，"本局未开办以前，照条约应得互保者，既在相当衙门呈注册之商标，本局当认其已经合例呈请"；第26条规定，"本局未开办以前，在外国已经注册这商标须于本局开办六个月以内将此项商标呈请注册，本局当认此项商标为呈请之最先者"；第20条还明文规定各帝国主义在商标案件中的"领事裁判权"："一、如被告系外国人，即由该地方官照会该管领事，会同审判。二，如被告系中国人，即由该管领事照会该地方官，会同审判。三，如两告均系洋人或均系华人，遇有分侵害案件，一经告发，由各该管衙门照办，以示保护。"这样短短的28条，反映了该章程的半封建半殖民地性质，这28条亦即见赫德之一斑。

摘自《商标通讯》1993年第4期

商标注册试办章程（清）

1904年8月4日

第一条 无论华洋商欲专用商标者，须照此例注册。

商标者，以特别显著之图形、文字、记号，或三者具备，或制成一、二，是为商标之要领。

第二条 商部设立注册局一所，专办注册事务。津、沪两关作为商标挂号分局，以便挂号者，就近呈请。

第三条 凡呈请注册者，将呈纸送呈注册局，或由挂号分局转递亦可。

第四条 呈纸内须附入税帖，税帖内附商标式样三纸。务将商标式样之大概，及此项试办章程细目内所定之类别，与此项商标特定之商品记载明确。如由挂号分局转递，须将呈纸及税帖，添写副本各一通。

第五条 注册局收受呈纸，查无不合例处，存留六个月。其间如无他人呈请与此抵触者，即将此项商标注册。

第六条 如系同种之商品，及相类似之商品呈请注册者，应将呈请最先之商标准其注册。若系同日同时呈请者，则均准注册。

第七条 在外国业已注册之商标，由其注册之日起，限四个月以内，将此商标呈请注册者，可认其在外国原注册之时日。

第八条 不准注册之商标，如下所列：
一、有害秩序、风俗及欺瞒世人者。
二、国家专用之印信字样（如国宝、各衙门、关防、钤印等类）及由国旗、军旗、勋章摹绘而成者。
三、他人已注册之商标又距呈请前二年以上，已在中国公然使用之商标，相同或相类似而用于同种之商品者。
四、无著名之名类可认者。

第九条 无论华洋商商标专用年限，由本局注册之日起，以二十年为限，其已在外国注册之商标，照章来请注册者，则专用年限，即从其原注册之年限，但不得过二十年。

第十条 专用年限届满时，如欲续用此项商标者，如在期满之前六个月以内，准其呈请展限。

第十一条 业已注册之商标主，如欲将该商标之专用权，转授与他人或须与他人合伙，须即时至注册局呈请注册。

第十二条 业已注册之商标，若与第八条第一、第二、第四则有背者，注册局可将其原注之商标注销。

第十三条 业经注册之商标，如有与第六条及第八条之第三则违背于此，有利害相关之人，准其呈请注销。但注册已过三年者，不在此例。

第十四条 注册局于请注之商标，认为不合例者，应将缘由批明，不准注册。

第十五条 有不服前条之批驳者，由批驳之日起，六个月以内，许其据情呈请注册局，再行审查。

第十六条 凡商标呈请注册人或商标主，不在中国者，或距注册局所较远者，必须择定妥友报明，作为经手代理人。

第十七条 如有欲抄录商标档册，或阅看档册者，准其至注册局或挂号分局呈请。据局较远者，可由经手代理人呈请。

第十八条 注册局将注册之商标及注册关系各事，刷印商标公报，布告于众。

第十九条 有侵害商标之专用权者，准商标主控告。查明这责令赔偿。

第二十条 控告侵害商标者，办法如下所列：
一、如被告系外国人，即由该地方官照会该管领事会同审判。
二、如被告系中国人，即由该领事照会该地方官会同审判。
三、如两造均系洋人，或均系华人，遇有侵害商标事件，一经告发，由各该管衙门照办，以示保护。

第二十一条 如凡下列各条者，罚以一年内以监禁，及三百两以下之罚款。但须俟被害者控告，方可论罪。
一、意在使用同种之商品而摹造他人注册商标，或将此贩卖者。

二、将商标摹造而使用于同种之商品者，又知情贩卖其商品，或存积该物意在贩卖者。

三、以摹造之商标，用为招牌登入报章告白者。

四、知他人之容器（即箱、匣、瓶、罐等类）包封等，有注册商标而以之使用于同种之商品者，或知情贩卖其商品者。

五、明知可以侵害他人注册商标之品物，故意运进各口岸者。

第二十二条 如有以上各条情事，将其制成之商标及制造商标之器具，均没收入官。其与商标不能分离之商品，或容器，或招牌，则毁坏之。

第二十三条 凡呈请挂号注册给找等，无论华洋商，应缴各项公费，如下所列：

一、呈请挂号，每件关平银五两。

二、注册给发印照，每件关平银三十两。

三、合同转授注册，每件关平银二十两。

四、期满呈请展限并注册，每件关平银二十五两。

五、抄录注册商标之文件，关平银二两。（过百字者，每百字加五钱）。

六、到局阅册每二刻钟，关平银一两。

七、遗失补请印照，关平银十两。

八、报明冒牌等事，每件关平银五两。

九、呈请再审查，关平银五两。

十、呈请注销，关平银三十两。

十一、留传后人，请换印照每件，关平银五两。

第二十四条 本章程自光绪三十年九月十五日起施行。

第二十五条　本局未开办以前照条约应得互保者，即在相当衙门呈请注册之商标，本局当认其已经合例呈请。

第二十六条　本局未开办以前，在外国已经注册之商标，须于本局开办六个月已内，将此项商标呈请注册。本局当认此项商标为呈请之最先者。

第二十七条　本局未开办以前，其商标虽经各地方官出示保护，如本局开办六个月内，不照章来请注册者，即不得享保护之利益。

第二十八条　前三条情节于第五条所定章程无关，以上作为试办之章程，其未尽各项，俟商标律订成后，再行酌量增补。

商标立法要义

章圭琭

1923年4月商务印书馆出版发行的由章圭琭先生编辑的《商标立法要义》一书的绪论将商标法立法的目的写得十分精辟，摘录其中一段。

人在地球上不能独立，于是乎有群。合多数之群，于是乎有社会。而人各求其生存于社会，因成社会的生存，于是乎有竞争。盖比较之下，各人存求胜心，此竞争之起点也。竞争有二道：曰正，曰不正。何谓正竞争？将自己之位置，力求进步，以胜于他人为目的。所用手段，极有秩序，并不含害人之分子在内。其结果将所有事物，考察体验，丝毫不苟，故发达甚速。所以正竞争。在文学、技术、农工商业上，均为最要之一分子。人在此一分子之间，个人及社会，各求深造，进步之速，不独可以利益于一身，凡关于社会上事情，无不可以广大其利益。故正竞争实为社会进步之原动力。若不正竞争者，不思自己之进步，阻碍他人之发达，乘人间隙，只图一己之利益。凡其手段，只含害人之一分子在内。故行为之险恶不待言而自见。及至结果，除害他人外，自己亦别无利益。盖自己不思求胜于人，专忌他人之胜于己。此种伎俩，为害甚深。使社会之进步因而阻止。凡一切公益之事，一概屏绝，实极大之恶效果也。总之，凡正竞争者，将自己之利益抬高，故凡事皆有进步。

不正竞争者，将他人之技能妒忌，故凡事皆生阻力。此于商业上大有关碍。然此种蔽窦，数见不鲜。于是各国制定法律，一面将正竞争保护，所以鼓动商业上之进步；一面将不正竞争遏止，所以维持商业上之秩序。故商标法者，为保护正竞争，遏止不正竞争法律之一也。所谓商标，因欲于商工业上，采正竞争手段，而发扬其货物之声价于世界上，且使需要者得以辨别某某货物，而所用之徽章也。需要者见此徽章，借以深信货物之品质及制造之地方，而乐于购用。是故商标要点在辨明货物之不同样（例如，一制品以马牌得名，是制造家以马牌为财产源。他人不能再用马牌，只好改用熊牌，防混杂也。若熊牌货好，亦可以获利，不泥住马牌，且可以与马牌争胜，造品自逐渐改良。否则，冒牌愈多，货物愈坏，于销场必生阻力）。因此，不同样之点，得伴商品之信用，以形成财产无限量之根源。然世界上买卖场中，假商标非常之多，国家欲防此蔽，因设商标法。一使营业之人以奋勉精励者，常保其商品之信用，以使众人信用此真商标，而不至于混杂。如国家而无商标法，或有商标法而不完全，势必为商工业者人人处于不安之位置。盖无商标法，即无保护之人，货物皆可以假冒，而制造者因此灰心，不求货物之进步，其关系使全国产业不能发达，而富强之源因此难望。故商标法者实为国家富强之一大关键也。

章圭璪，清朝政治人物，进士出身，光绪三十年会试第一百二十九名。殿试登进士三甲第八十九名。后送往日本政法大学速成科第五班。

商标是什么？

程永顺

近年来，中国人对于商标关注的热情十分高涨。去年广东省高级人民法院审结的iPad商标案件和目前正在审理的王老吉商标、商品包装装潢系列案件，更引发了全国众多业内外人士的广泛关注。《深圳律师》杂志希望我对王老吉商标、包装装潢系列案件写点看法，我觉得作为一名退休法官对法院正在审理中的案件不便说三道四，只想谈谈我对商标的一些思考。

商标本身是个符号、标记、记号，但是它必须用在商品或者服务项目上才能叫商标，否则它就只是个符号、标记、记号，而不是商标。

商标不是商品，商标与商品之间，商品是本，商标是标，没有商品或者服务就没有商标，没有好的商品或者服务就不会有消费者信任的商标。

商标权的产生在于对商标的使用，不使用的商标不叫商标。商标的生命在于使用。商标的注册、审查、核准仅仅是一种对商标的确认程序。商标本身并无价值，商标的价值是后天产生的，是靠它们依附的商品质量、服务质量、广告宣传、市场的培育、企业的文化等等凝聚而成，慢慢积累起来的，而不是在商标核准时产生的。如果商标权人不注重对商品及服务的质量，不注重商品的创新，即使是"驰名商标"也终将会失去消费者的信任。

商标的功能作用是用于区分不同生产厂家生产的相同（近似）商品

或者不同服务商提供的相同（近似）服务的，因此，商标应当具有显著性特征，越显著才越有可能被消费者认清记牢，才有可能真正发挥商标的功能作用。当然，在市场上用于区分商品和服务来源的不仅仅有商标，企业名称（含专业简称）、字号（商号）、商品上特殊的包装、装潢等，也可以起到区分商品来源、主体的作用，它们有些也属于知识产权的范畴，也会受到不同法律的保护。

商标权是知识产权的一类，不同的知识产权在市场经济中起着不同的作用，商标权是用了维护市场秩序的，防止消费者在市场上对商品和服务造成混淆的，防止企业之间进行不正当竞争的。商标权是一种标识性权利，它与专利权、著作权不同，商标权的产生不是智力劳动的成果。因此，对商标权的保护在法律上与其他知识产权的保护是有区别的。

知识产权是一种私权，这一点在Trips协议中已经写得很清楚。商标权当然也不能例外。商标权是商标权人的权利，不是国家的权利；商标是一种私权利，不是公权利；商标是社会的财富，而不属于国家的财产或财富。在国际经济一体化的今天，一个商标随着在消费者中知名度的扩大，有可能成为一个民族的象征，但是，一个商标是不是民族的象征应当是看这个民族以外的其他民族是否认可，而不是商标权人的自己标榜。

企业商标战略应当围绕：企业商标文化认知（企业发展目标、历史及未来）？怎样设计商标（使其具有显著性）？怎样取得商标（商品将到哪些国家、地区销售）？怎样维护商标（防止他人注册相同近似商标，防止自己的商标与他人的商标相同、近似）？怎样保护商标（防止商标淡化、制止商标侵权）而进行，而不能将盲目的商标抢注作为商标的战略。更不应当将参与评比驰名商标作为企业商标战略的终极目标。

作为为商标权人提供法律服务的商标律师，首先应当搞明白到底什么是商标，弄明白商标的基本问题才能给委托方提供更好的专业服务，以免将委托人引上歧途。

以上观点虽然表达不一定准确，但纯属商标常识问题。我认为，当前我们讨论商标的所有问题都离不开对基本常识问题的认识,所以,越是常识问题越应当引起重视、引起关注。

摘自《深圳律师》"卷首语",2013年第3期

珍贵文物仿制品能用专利保护吗？

胡嫚

十二生肖兽首人身像原是圆明园海晏堂前的扁形水池喷水台上的喷泉形象，在1860年英法联军火烧圆明园时被掠走。

2003年开始，句容市美人鱼景观贸易有限公司（下称美人鱼公司）组织对圆明园十二生肖兽首人身像进行创作，之后，精仿十二生肖兽首和十二生肖兽首人身像。2008年，美人鱼公司将狗首、鸡首、蛇首向国家知识产权局申请外观设计专利并于2009年获得了授权。后美人鱼公司认为汝阳汉唐古玩艺术品有限公司（下称汉唐公司）仿制的狗首、鸡首、蛇首与其相应的外观专利产品十分相似，于是将汉唐公司、上海藏宝楼工艺品市场经营管理有限公司（下称藏宝楼公司）、樊社盘诉至上海市第二中级人民法院，要求三被告停止侵权行为，共同赔偿经济损失合计30万元。

美人鱼公司认为，原告生产的产品虽然是仿制品，但是由于原件已经流失到国外，也没有现存的资料能够得到原件的真实外观，美人鱼公司投资数百万元和有关专家合作，花费四年时间研制出仿制品并获得了国家外观设计专利授权，理应得到保护。汉唐公司生产的涉案产品无论从整体上还是从设计要点上都和原告的专利产品相近似，属于侵权行为。藏宝楼公司在其经营的工艺品市场内与樊社盘共同销售涉案商品，构成了共同侵权。

三被告均认为，被控侵权产品与原告的外观设计专利既不相同，也不构成近似，没有落入原告外观设计专利的保护范围。

法院在审理后认为，被控侵权产品与涉案外观设计专利产品在耳朵、眼睛、眉骨、嘴鼻部等处的特征存在比较明显的差别，以该外观设计专利产品的一般消费者的知识水平和认知能力来判断，应当认定被控侵权产品与涉案外观设计专利产品相比，整体视觉效果既不相同，也不构成近似，被控侵权产品没有落入原告外观设计专利权的保护范围。因此，法院对于原告要求三被告停止侵权、赔偿损失的诉讼请求不予支持。

焦点一 涉案产品是否构成外观专利侵权？

法院认为，涉案产品外观特征未落入原告专利保护范围，不构成侵权

"圆明园十二兽首是我们中华民族的文化遗产，美人鱼公司和圆明园管理处合作，就是要最大可能地还原十二兽首的真实性，所以原告投入了大量心血来确保符合当时的真实情景。"美人鱼公司法律顾问陈扬在接受《中国知识产权报》记者采访时表示，由于这些兽首的原件已经流失到国外，也没有现存的资料能够得到原件的真实外观，美人鱼公司在研发生产仿制品时投资数百万元和有关专家合作，花费四年时间研制出仿制品并获得了中国外观专利授权。因此，这些仿制品同样具有知识产权，应该得到保护。汉唐公司生产的涉案产品无论从整体上还是从设计要点上都和原告的专利产品相近似，已经构成了侵权。

"通过对美人鱼公司已取得的鸡、狗、蛇首的外观专利的详细比对，汉唐公司所生产的涉案商品与原告专利从外观上不足以造成误认、混同，因此，汉唐公司没有对原告构成专利侵权。"汉唐公司的代理人李萍在接受《中国知识产权报》记者采访时表示，虽然美人鱼公司就十二兽首的仿制品与圆明园管理处有合作，但不能排除其他企业或个人的仿制行为。产品开发是指从研究选择适应市场需要的产品开始到产品设计、工艺制造设计，直到投入正常生产的一系列过程，如果产品设计能取得相应的专利权，则才能取得排他的法律权利。产品开发的授予是平等民事主体间的民事合同法律关系，其法律效力仅涉及到合同相对方，对合同以外的人并不具有法律约束

力，一般应当由该产品的所有权人授予，而圆明园的十二兽首是文物古迹，其所有权归于国家所有，圆明园管理处只是文物的管理人。所以，美人鱼公司不能取得对这些文物的独家复制权。

法院认为，被控侵权产品与原告的外观设计专利产品均为装饰品，属于同类产品。但依据庭审查明的事实，被控侵权产品与涉案外观设计专利在耳朵、眼睛、眉骨、嘴鼻部等处的特征存在比较明显的差别，以该外观设计专利产品的一般消费者的知识水平和认知能力来判断，应当认定被控侵权产品与涉案外观设计专利相比，整体视觉效果既不相同，也不构成近似，被控侵权产品没有落入原告外观设计专利权的保护范围。因此，三被告关于被控侵权产品与原告的涉案外观设计专利既不相同，也不构成近似，因而没有落入原告涉案外观设计专利保护范围。

"涉案被指控商品不构成对美人鱼公司外观设计专利权的侵害。"同济大学知识产权学院院长陶鑫良在接受《中国知识产权报》记者采访时表示，涉案的鸡、狗、蛇首仿制品三件外观设计专利，其原型是圆明园海晏堂前扁形水池喷水台上的十二生肖兽首喷泉形象，一百多年前就已经公开于世。首先，根据法院判决书的内容反映，虽然被控侵权产品与原告的外观设计专利的产品均为装饰品，属于同类产品，但庭审查明两者均有多处特征差别明显，以相关一般消费者的知识水平和认知能力来判断，整体视觉效果既不相同，也不近似，被控侵权产品没有落入原告外观设计专利权的保护范围，从而当然不构成专利侵权。再者，原告自认其"成功精仿圆明园十二生肖兽首和十二生肖兽首人身像"，众所周知，圆明园十二生肖兽首的形象及其商品上百年来早已流传全国各地，随处可见，消费者看到其以后首先想起的是圆明园海晏堂前十二生肖兽首泉形象和街头巷尾到处存在的千年百代传下来的我国十二生肖兽首民族传统形象，从这一角度考虑，涉案商品更不会侵犯原告外观设计专利权。结合本案，首先，原告申请外观设计的十二生肖兽首如果正如其所说的属于"精仿"，则与在前知名的圆明园十二生肖兽首没有明显区别；其次，对已经授予专利权的原告之圆明园十二生肖兽首外观设计专利侵权纠纷的处理中，应当以相关一般消费者的知识水平和认知能力来判断，如果两者整体视觉效果既不相同，也不近似，被控侵权产品没有落入原告外观设计专利权的保护范围，就不构成侵权。

焦点二 外观设计专利侵权如何判定？

判断外观设计是否相同或者相似，应当以外观设计专利产品相关公众或称相关消费者的知识水平和认知能力为准

"设计要点基本相同，普通消费者容易将两者混淆，即认为构成侵权。"陈扬认为。

李萍认为，判定是否构成对外观设计的侵犯，认定标准是看被控侵权产品的外观设计与专利外观设计是否相同或者相近似，若是，则构成侵犯外观设计专利权。

法院认为，关于被控侵权产品是否落入原告涉案外观设计专利保护范围的问题，《最高人民法院关于审理侵犯专利权纠纷案件应用法律若干问题的解释》（以下简称《司法解释》）第八条规定，在与外观设计专利产品相同或者相近种类产品上，采用与授权外观设计相同或者近似的外观设计的，人民法院应当认定被诉侵权设计落入专利法第五十九条第二款规定的外观设计专利权的保护范围。

"外观专利侵权认定可以遵循'三步判认法'：第一要看指控侵权产品的行为是否经专利权人许可；第二需明确专利权保护范围；第三判认指控侵权产品是否落入专利权保护范围，即判断指控侵权产品与外观设计专利产品是否属于相同或者相近的类似产品，进而判断涉案侵权产品的外观与获准专利权的外观设计是否属于相同或者近似。其中最难的是判断涉案侵权产品的外观与获准了专利权的外观设计两者是否属于近似。"陶鑫良表示，我国专利法实施细则第二条第三款规定外观设计"是指对产品的形状、图案、色彩或者其结合所作出的富有美感并适于工业上应用的新设计"，与发明或实用新型专利权保护范围是以权利要求书载明的以及说明书与附图补充说明的技

术方案不同，外观设计专利权的保护范围是人们视觉可见的美感外观。根据专利法第五十九条第二款之规定，外观设计专利权的保护范围，以在向国家知识产权局提交的图片或者照片中的对应产品所表示的外观设计为准，提交的图片或者照片包括主视图、俯视图、侧视图等，其中以主视图最为重要。结合《司法解释》的相关规定，一方面，如果产品类别相同或者相近，但被控侵权产品与授权外观设计不相同也不相似的，则被控侵权产品没有落入该外观设计专利权的保护范围；另一方面，如果被控侵权产品与授权外观设计相同或者相似，但产品类别不相同也不相近的，则被控侵权产品也没有落入该外观设计专利权的保护范围。相同类别产品，是指用途相同的产品；相近类别产品，是指用途相近的产品。

陶鑫良认为，判断外观设计是否相同或者相似，应当以外观设计专利产品相关公众或称相关消费者的知识水平和认知能力为准。所谓相关公众或相关消费者，是指对授权外观设计的相关设计状况具有常识性了解，并且对不同外观设计之间在形状、图案、色彩上的差别具有一定分辨力但通常又不会注意到形状、图案、色彩的微小变化的人。应当根据外观设计的整体视觉效果和综合考虑外观设计专利权保护范围内的全部设计特征来判断外观设计是否相同或者相似；不予考虑为实现产品技术功能所能采用的唯一的外观设计特征，也不予考虑产品的材料、内部结构等对整体视觉效果不产生影响的特征。所谓被控侵权产品与授权外观设计相似，就是说被控侵权产品与授权外观设计在整体视觉效果上足以造成相关公众的混淆。如果产品的类别相同或者相近，并且被控侵权产品的外观与获准专利权的外观设计相同或者相近似，在整体视觉效果上足以造成相关公众混淆的，就构成侵权。否则就不构成侵权。

焦点三 珍贵文物仿制品能否申请专利？

授予文物仿制品专利必须以具有创造性的改进设计为条件，文物原件及其形状、图案、色彩越知名，对其改进的实质性要求就越高

"知名文物的仿制品可以申请外观专利保护。"陈扬认为，由于一些知名文物由于年代久远等诸多历史原因原件下落不明，原件的外观设计不能为广大公众所知，而企业投入大量财力、智力进行还原精仿，理应受到保护。

李萍认为，在我国，获得外观专利的条件是新颖性、实用性、富有美感、不得与他人的在先取得的合法权利相冲突。所谓新颖性是指该专利应当同申请日以前在国内外出版物公开发表过或者国内公开使用过的外观设计不相同和不相近似；而文物复制品是对原有文物的复制，不可能在外观上具有新颖性。如果该复制是一种创造性的"复制"，在原貌上有显著性的差异（即取得新颖性），是可以取得专利的。本案中圆明园十二兽首原为意大利人朗士宁设计制造，美人鱼公司所取得的专利并非是对全部兽首取得，他们取得的是圆明园中缺失的那几个兽首的外观设计专利。其专利本身就是对他人设计理念的模仿，当然在这种情况下，美人鱼公司不能排除他人的仿制行为，只要这个"仿"在合法的范畴内。

"我国专利法规定，授予外观设计专利权的条件之一，是在其专利申请日前，不存在已经公开的与其相同或者相近似的外观设计。"陶鑫良表示，所以，如果文物原件或其复制品的形状、图案与色彩在其专利申请日前已经公开了，哪怕是年代久远的公开，哪怕是在我国专利法律制度尚未建立之前的公开，哪怕现在市场上已经难以找到其公开的复制品或者图片和照片了，依法都不能授予外观设计专利权。无论是珍贵文物，或者是知名文物，还是普通文物，一概如此。如果在文物原件或其复制品上进一步改进后再申请外观设计专利权，那么要看这一改进部分是否达到授予外观设计专利权的充分必要要求包括创造性高度的条件。如果达到，其专利申请可以被授予外观设计专利权，但其保护的范围也仅限于其实质性改进部分。一般而言，申请外观设计专利权的文物及其形状、图案与色彩越知名，那么对其改进的实质性要求就应当越高。同理，在裁判或者处理根据文物改进的外观设计专利之侵权纠纷时，该文物越是知名度越高和社会注意力越集中，那么对此改进部分之外观设计专利权的保护力度就应当相应减弱。因为，这种情况下消费者的注意力以及购买欲望的激发，往往更多联系在该知名文物而不是该外观设计的改进上。所以，一方面知名文物原件或其复制品形状、图案与色彩能否授予专利权应当从严掌握；另一方面考虑到消费者的注意力与购买欲望往往主要取决于知名文物本身而不是取决于该外观设计，所以在裁判此类专利侵权纠纷时应当谨慎认定侵权行为的成立。

摘自《中国知识产权报》2010年12月19日

时装的外观设计专利保护

郑友德

一、时装的外观设计专利

从法律意义上说，工业品外观设计专利权是指为保护一项工业品外观的原创性装饰和非功能特征而授予的一种专利权利，我国《专利法》明确定义工业品外观设计必须是通过工业方式进行批量生产的艺术品，是艺术性和工业性的结合。印有美术作品的文化衫，属于工业制品，但是其中的艺术造型成分可分离出去，文化衫可以换成其他图案，也可以成为不带任何图案的单色文化衫。对于这种客体，仍视为美术作品。《实施国际著作权条约的规定》第6条第2款规定"美术作品用于工业制品的"，指的就是这种情况。因此，带有美术作品的文化衫仍属于美术作品，受到著作权而非外观设计专利保护。

时装外观设计保护的内容，是指能用视觉观赏到的时装的式样、轮廓、装饰以及附着于纺织面料上的与时装款式结合在一起的图案、花型等成分。用外观设计专利权保护那些适于批量生产、有一定美感的、新颖的时装设计，是保持时装业不断创新的有力后盾。世贸组织在处理纺织品外观设计保护时就提出："服装的外观设计可以援引工业品外观设计的保护方法，容易获得保护。"著名的北京薄涛时装有限公司，将旗下的三个系列、近百套秋冬装款式设计及创牌老款的版型都向中国专利局申报了系列外观设计专利，成为中国时装界的创举。

除我国外，其他国家和地区也有类似的保护方式。2001年，法国纺织工业联合会（L'union des Industries Textiles）参与起草了《朗吉特法案》（*Longuet Act*），该法案允许快速申请全套系列服装的设计权，最多可以有100多种设计图。欧洲议会和理事会关于设计法律保护的第98/71号指令，部分协调成员国的设计法，将设计权作为一种新型的、有独立特征的权利加以保护，但是要排除那些"现存的、与组成部分设计的使用有关的法律规定"，因为这些组成部分的目的是用于对复杂产品加以修补以便能够保存其原始外观。这些权利可以由成员国保留三年的过渡期。欧洲委员会对理事会关于欧共体设计条例作出修订草案。该草案意在鼓励创新，通过保护建立在产品（包括装饰品）的美术（而不仅是技术）外观基础上的工业设计来防范假冒和盗版。在西班牙阿里坎特设立的标志和设计办公室负责对其进行简单、低廉的注册。根据欧共体第98/71号指令，欧共体设计权具有五到二十五年的保护期，并与国内设计权并存。修订草案中还暂时排除了对复杂产品备用部件设计的登记和保护，如明显的汽车备件，从而允许成员国维持其现行规则，只有当其违背市场自由化目的时始作改变。

二、外观设计专利侵权辨析

在我国，设计必须与产品合为一体，当申请外观设计专利时，必须提交其附载的产品，才能与带有该设计的产品一起得到外观设计保护。否则该设计只能得到著作权保护。当然，外观设计专利只保护该设计，不延伸至其产品，如果某件时装上的图案被用于花瓶上，不视为侵权外观设计专利。美国、巴西等都采用这种做法；与之相反的是法国等少数国家，将保护范围扩大，不仅不能在相同产品上使用该设计。也不能在不同产品上使用，这是外观设计专利侵权判定中首先需要注意的问题。

我国《专利法》第2条第3款规定："专利法所称外观设计是指对产品的形状、图案、色彩或其结合所作出的富有美感并适于工业上应用的新设计。"形状、图案、色彩三者关系并非简单的并列关系，法规中的排列顺序也并非随意的罗列，而是有其特定的含义。众所周知，产品是指具备特定形状的物品。形状是产品最基本、最主要、最必不可少的要素。产品可以无图案无色彩，但不可能无形状。任何图案、色彩都必须依附于具体的特定形状上，而产品的图案也可以无色彩（外观设计上白色、黑色、灰色一般被视为无色彩），但产品的色彩不能独立构成外观设计，即色彩不能独立于形状或图案之外而单独存在。可见，形状、图案、色彩依次存在从属关系。形状的特点是独立权利要求的内容，因为它从整体上反映了产品的必要特征；图案、色彩的特点则是从属权利要求的内容，只是对形状的进一步说明或限定。

时装款式与设计均相似时，这种外观侵权的判定难度非常大，既要判断时装款式是否相似，又要判断时装设计是否相似，并且判断的尺度通常因人的主观因素和客观因素的不同而有差异。

在判断是否构成侵权时，除了要把握同类相同或相近时装款式相比较的基本准则外，还应注意以下几种辨析方法：1.应从一般消费者的角度来辨析。侵权行为人在仿造他人的时装外观设计专利产品时，为逃避法律责任，总是要在其仿冒的时装上稍作改动，使之与他人的时装产品相近似，而又在局部上不完全相同，或粗看相同，细看则不相同，这时似应认为相近似，构成对他人的时装外观设计专利产品的侵权。有些时装的相似或细微的差别，只有专业的时装设计人员才能够轻而易举地辨别出来，而对于普通消费者来讲，往往忽略这些细微之差别。2.从时装外观的角度来判断。对时装外观的判断是通过造型、色彩构成、图案、面料肌理等平面构成要素与立体构成要素进行全面的客观分析与比较。此外还要注意一些特殊设计的判断，如内部的组织结构、时装的平面剪裁与立体剪裁的方法、附件设计、装饰品、结构线与线迹的分割法等。20世纪90年代中期曾流行过省道移位的结构设计，尽管其外形无大的改变，却会令人耳目一新，可见这种裁剪方法的变化包含了自我创作，不属于侵权。反之，如果有其他未申请专利的时装与他人的时装外观设计专利产品在以上辨析方法上有整体的雷同，就应认定为构成侵犯他人的时装外观设计专利权。3. 从设计草图上看。时装外观设计的专利申请一般要求提供平面剪裁图、局部分解图、立体剪裁的照片、时装外观设计的彩色效果图等。对此，可以进一步印证是否相同或相近似。

三、时装的反不正当竞争法保护

（一）时装的仿冒。时装的仿冒大致分为两种类型。一种是抄袭式仿冒。即把他人设计的面料花型、图案或样式直接复制，不作任何改动，与原产品一模一样，只是可能存在内在质量或工艺水平等方面的差异。据报道，1994年4月美国服装设计名师拉尔夫·劳伦因完全抄袭YSL公司的一件无袖晚礼服，受到该公司起诉而曝光。另一种是模仿式仿冒。它不是对原产品的简单复制，而是以其为母样，进行某些修改或增减来加以仿造。譬如，改换以下原设计花型或图案的底色，改变以下时装的面料拼色或增加一些饰物点缀等。这种仿冒可以多种多样，但是经过分析和比较可以看出，侵权者所形成的新内容均在原设计的基本框架之内，并不构成重大改动，实质上是一种变相的抄袭。

（二）不正当竞争判定。法律对模仿行为的基本立场是以自由模仿为一般原则，以规制不正当模仿为特殊情形。模仿的形式主要有四种：完全模仿、带有微不足道变化的完全模仿、带有重要变化近于完全的模仿和具有再创性的模仿。其中前三种模仿都构成不正当竞争，判定是否构成对时装的不正当竞争行为，主要是辨析对时装设计和时装造型的模仿是否偏离了正当模仿的界限。我国《反不正当竞争法》第5条第2款规定："擅自使用知名商品特有的名称、包装、装潢，或者使用与知名商品近似的名称、包装、装潢，造成和他人的知名商品相混淆，使购买者误认为是该知名商品"的行为属于不正当竞争。在对仿冒商品进行比较时，必须坚持隔离比较、整体比较的原则。1. 隔离比较。隔离比较指在进行比较时必须将仿冒商品与知名商品相独立，分开比较，不能并列比较，该原则是与整体一脉相承的：这是因为在实际的交易中，消费者往往凭印象选择商品，如果将比较商品并列，其不同之处会凸显，易得出商品相异的结论。只有隔离比较，判断者才能以记忆中的商品整体印象与眼前的商品作对比，真正实现整体意义上的比较，并且能够最大限度地接近实际生活中普通购买者的情境。2. 整体比较。整体比较指在进行对比时，不局限于某一细部的差异而应从整体着眼，综合考察商品的名称、包装、装潢是否构成对知名商品的仿冒。侵权人的仿冒有多种情况，侵权人所提出的抗辩理由往往是仿冒商品与被侵权商品之间有某些差异（当然通常只是细部的微小差异）。如果将仿冒商品的各个细部分开比较可能会得出确实不同于知名商品的结论，但应该考虑消费者一般不可能仔细分解比较，因此这种分解的细部比较不能作为定性的方法。整体比较的目的在于考察仿冒商品给人的印象如何，既为印象，则只可能是概略的、大体的，而绝不可能十分精细。况且仿冒知名商品与制造纯粹的假货不同，侵权人的企图是"打擦边球"规避法律，而细部不同、整体相似正是他们的操作手法，倘若以过分仔细的方法加以比较，则很大程度上正中其下怀。例如"花花公子"系列时装商品，其图案注册商标是一个带领结的兔头形，文字注册商标是"PLAYBOY"。正宗"花花公子"商品的商标在每件商品的明显位置，且兔头清晰、精致，英文字母同样如此；而假冒商品的兔头粗糙，且不正规，或兔头耳朵长，或兔头做斜等。再如T恤衫世界名牌"梦特娇"系列商品，其图案注册商标是"梦特娇小花"，文字注册商标是"MONTAGUT"。正宗"梦特娇"商品标志清晰、漂亮，且有水纹标识，在荧光灯下可见三朵"梦特娇小花"图样。在比较中，尽管有细部的差异，但在整体上，仿冒商标与知名商标无论是在外形、色彩还是名称上，对于其特定的消费对象来讲均能够形成近乎相同的印象，因此被判定为仿冒。

四、各种知识产权保护类型的协调及构想

著作权保护的时装设计实用性强，有生命力，甚至可以带动市场流行趋势。但用于工业方法批量生产时，或者某些款式成为时尚的经典时，比如，由香奈儿女士于1930年设计的香奈儿套装，仍在世界各地以每套5000美元的价格畅销至今，就有必要申请外观设计专利保护。另外，专利权同著作权在权利效力上有很大差别：著作权只排斥对自己有独创性的表现形式进行未经许可的使用，但不排斥他人独立完成的相同的服装作品也取得同样的权利；而享有外观设计专利权保护的时装可以排斥他人制造、使用、销售、进口相同设计的服装，这种保护有利于合法排除他人为赢利而进行的抄袭和模仿，保证设计者、生产者的权益免遭侵害。外观设计专利需要经过申请，获得行政确权后才能获得保护，这对于流行时装并不适宜，对于刚上市的新款时装，在申请获准前处于保护的"真空地带"，外观设计专利权无法成功解决成衣保护中的时差问题。这时，用反不正当竞争行为来制止对流行时装的不正当模仿较为合理。但制止不正当仿制的时间不宜过长，德国司法上判定一般在一两个季节。

摘自《知识产权与公平竞争的博弈》法律出版社

一个民间发明家和他的卖饭机器人

樊 力

按说他完全可以卖掉部分专利技术坐享利润,但是他要挑战自我,亲身体验自己的技术最终转化为商品并成功走向市场。

金徐凯,自动售饭机发明人,和盛国际餐饮集团当家人。这是一个颇有些命苦又颇有些传奇的商人发明家。

"真神了!只要往里面投币,它就能自动出来快餐盒饭!"

2012年春节,北京西客站临时候车大厅,人潮熙熙攘攘。一台像大衣柜一样的自动售饭机让过往旅客备感新奇。"东坡排骨餐"、"香菇鸡腿餐"……消费者只需刷卡或投币,5至10秒即可拿到45℃的恒温快餐。这些菜品均由中央厨房标准化生产,保鲜时间超过三个半小时便自动停售。更重要的是自动售饭机占地仅2.2平方米,如此一来,传统快餐店铺难找、人员难招、运营成本高等问题便不再成为问题。

当如今中式快餐连锁行业明显遭遇了增长瓶颈,机器人快餐能否通过技术革命进而改变行业形态?北京西站的火爆景象只是一例,2012年6月,北京香山和故宫也开始引进自动售饭机,这些公共场所管理者关心的是,在食品安全引发关注的当下这种机器是否可以缓解吃饭难、吃饭贵的现状;而金徐凯关心的,则是像写字楼、地铁、学校、商超、社区之类的人流密集区,如何复制北京西客站的盛况。

贫穷土壤上的信仰

金徐凯搞发明的冲动,源于贫穷。

1973年,金徐凯出生于四川省眉山县崇礼镇大定桥村一个农民家庭,六岁那年,他的父亲外出新疆打工,从此杳无音信。没有父亲的孩子早当家。看着母亲靠每天送蜂窝煤养活全家五口人,金徐凯从小学便开始贩卖蔬菜,或者去工地搬砖,为的就是挣那一点点学费。

家贫导致的自卑心理需要排解。而金徐凯选择的证明自己的方式,从此让他走上了另一条人生道路。

搞发明,金徐凯确实有这方面的天赋。八岁时,他"发明"出"带橡皮擦的铅笔"。十二岁,他成功组装了一辆自行车。十三岁,他发明出"自动集蛋、给料、高效立体式鸡笼"……玩具、学习用具、劳动工具都成了他琢磨的对象。

发明给他带来了尊严感。比如那个"带橡皮擦的铅笔",起初是因他没钱买文具,于是去捡同学用剩的铅笔头,然后插到一节竹子里,竹子后面再加上同学不用的橡皮。今天看来这是很简单的东西,但在没有橡皮铅笔的1981年,这很能引起同学们的注意。有的女生甚至把自己的新铅笔截断,然后让金徐凯做这种铅笔。"做一支,然后送我一支。"

1992年,金徐凯高中毕业,只身南下海口"淘金"。为了生存他在建筑地搬过砖头;在苗圃厂挖过烂泥;在保险公司跑过保险;在酒店当过保安。直到有一次外出办急事,半天打不到出租车,他就想,为什么出租车的标志这么不明显?经过仔细调查和研究,金徐凯发明了一种全新的出租车温度传感显示器,并申请了国家专利,这也是他拥有的第一项个人专利。"从那时候起我才彻底从失落和困惑中摆脱出来,至少我的生活有了新的方向,那就是搞发明。"

然而,搞发明并没有改善金徐凯的生活,相反,还令他一次又一次丢掉饭碗。在研究出租车载客显示器的时候,因为要到各地搞市场调查,还要四处学习电器知识,金徐凯多次向单位请假,最终被炒了鱿鱼。这样的事情在金徐凯七年的打工生涯中屡屡发生，因为时常没有工作，金徐凯无处可去，经常露宿街头。1994年，大年三十晚上，他居然是在海口公园的凉亭里度过的。

后来金徐凯发现，有一种职业特别适合自己，那就是保安。保安大部分工作时间都是在晚上，而对于金徐凯来说，白天不用上班就意味着可以踏踏实实做他的发明了。于是，1994年到1999年，他几乎一直在各种商场、酒店、夜总会等娱乐场所从事保安职业。"海口'保安界'没人不知道我金徐凯。"

到1998年的时候，他已经拥有21项发明，其中9项申请了国家专利，3项已授权，他的"一次性马桶卫生拉膜垫"，还通过PCT程序向国外申请了专利，是中国打工仔当中申请国外专利的第一人。

1998年年底，他被团中央、公安部、司法部等八部委评为第二届"全国十大杰出外来务工青年"，并邀请他参加在人民大会堂举行的颁奖典礼。可是此时接到通知的海南团省委的同志高兴之余又十分着急，因为这时的金徐凯正丢掉了自己南下打工的第十七份工作，不知道跑哪儿找活干去了……

就此，金徐凯从默默无闻一下子变得名声在外，中央电视台采访他，《中国青年报》头版报道他，找他演讲、讲学的人络绎不绝，还被选为四川省眉山市人大代表，北大、清华答应他面试入学，他的前途似乎一下子光明起来。

"掘金"市场

金徐凯出名后，广州、深圳等地的企业纷纷邀请他去帮助开发、设计新产品，或帮他们培养发明创造方面的人才。在这过程中，他发现，这些企业不乏高级工程师，也不乏熟练的技术工人，但高级工程师虽拥有专业理论，却缺乏实际动手的技能；而技术工人虽拥有实践操作技能，却不具备设计能力，致使一些企业在发明创新过程中出现了严重断层，无法及时研制出符合市场需求的新产品，这已成为长期以来严重制约我国工业发展的"瓶颈"。

从社会需求的现状中，金徐凯看到了企业在发展中最为匮乏的东西——发明创造。

为此，当美国一家集团公司看中他，愿帮助他和家人移民美国，并许诺要为他的发明走向全球市场创造最好的条件时，金徐凯婉拒了。甚至在被评为"全国十大杰出外来务工青年"后，团中央的一位部长征求金徐凯的意见，想让其上大学深造——因为按当时规定，金的条件符合推荐免费就读清华北大，他也摇了头，说想趁着自己年轻，多搞些发明成果。

带着这样的信念，2002年10月，历尽艰辛和磨难的金徐凯，终于拿到第一笔30万元发明收入，而后他却选择了把这笔钱捐出来用于扶持像他一样有发明梦想的年轻人。

2003年，金徐凯在四川创办了全国第一家发明创造公司，带领一群人从事专业技术研发和新产品设计，实现了单纯的个人发明到团队发明的转变，以此完成个人所无法完成的重大发明课题。现在，他的团队发明成果已经在很多专业领域领先，并获得了行业内众多佼佼者的认同。

真正让金徐凯一战成名的发明项目是他的"太空马桶"。

2005年"神六"飞天后，金徐凯从新闻中看到航天英雄在香港大学演讲时提到宇航员如厕是一大难题，"我们宇航员上天大家可能关心的是他吃的什么，我们最关心的是他们能否排便，太空中叫下蛋，第一天没排便，第二天还没排便，当时就担心了，直到宇航员排便了，我们悬着的一颗心才放下来"。

自此，金徐凯便有了研制太空马桶的念头，他停下手中的工作，邀请医学专家、工程师、工程技术人员共同组成的太空便体采集课题组，在对各国现有的太空马桶从原理到技术结构进行一番研究后，又经过50例研究临床和180例医学临床实验，最终"采挖式太空马桶"问世，并得到专业人士的肯定。

2007年，俄罗斯航天专家访华，在国家相关机构安排下他们见到金徐凯，第一个举动竟然是单膝下跪。

金徐凯更红了。

深圳、珠海的一些厂商开始找他谈，愿意买断他的专利。广州、东莞等地的企业纷纷邀请他去帮助开发、设计新产品。只是对于金徐凯而言，什么才是一项好的发明创造？从技术到产品，从产品到商品，再到有市场商品，完成了这样一个产业链条的发明才是有价值的发明，那些束之高阁，淹没于卷宗的技术专利只能是一个符号，如何与市场对接恰恰是发明创造突破瓶颈的关键。

"机器人售饭"梦想

早在1999年，深圳的一位老板愿意出价120万元买断他的"马桶卫生拉膜垫"专利技术，金徐凯没同意。按说他完全可以卖掉部分专利技术坐享利润，但是他的人生设定不止如此，他要挑战自我，亲身体验自己的技术最终转化为商品并成功走向市场。

2011年，金徐凯迈入了他人生另一个阶段。他以倾家荡产的决心开始投产自动售饭机。其实，自动售饭机的专利金徐凯早在几年前便已完成，只是近年来越加严重的食品安全问题让他意识到了其中的商机。

他把公司搬到北京，开始为这门足以颠覆传统餐饮经营模式的生意豪情一搏。

金徐凯的商业模式是由四个方面组成：1. 以自动餐饮售卖机为中心，在车站、学校、写字楼等人流量密集的区域建立终端，其避免了传统中式快餐高昂的门店及人工费用；2. 通过中央厨房的方式，后台集中配送。一台自动餐饮售卖机一次可容纳400至600盒快餐。目前，每餐可供应18至25个菜品，9至16套餐品组合，所供快餐分为6元、8元、10元早餐和10元、15元、20元正餐；3. 通过对北京样板市场的打造，吸引更多创业者加盟，根据区域市场的规模设定加盟门槛。

2012年春运期间，北京西客站的自动售饭机平均每天营业1个多小时，销售快餐280多份，众多加盟者开始找上门来。另一边，金徐凯开始对后台进行升级，比如中央厨房的菜品研发系统，他们开发出8个菜系240多道菜，针对白领、学生等不同消费人群进行市场调查。

为了保证问卷的准确性，每位填写了有效问卷的消费者都会得免费试吃的机会。最终，金徐凯收到了两万多份反馈问卷。这些数据直接指导了研发中心的新品开发，比如在IT人士云集的北京中关村，要主推什么样口味的菜品；在学校附近，又要主推什么样的菜品，金徐凯都建立了不同区域的不同供应方案。

北京样板市场的成功，让金徐凯意识到他的机器人售饭机所代表的未来可能。他憧憬着有一天，这台机器能够进入到中国更多的城市。到那时，这种无需店铺、无需服务人员、真正实现人机对话的餐饮终端形态，一定能够成就他作为一个发明人的终极梦想。

摘自《商界》2012年第8期

专利挖掘者

贺 涛

六年之后，苹果公司终于在10月25日拿到了美国专利商标局颁发的"滑动解锁"专利。这意味着，其他设备制造商不能擅自在其产品中使用这种人们已司空见惯的解锁设计。

任何使用预先定义的轨迹来解锁的触控方式，都将构成对苹果的侵权行为，谷歌的Android移动操作系统很可能首当其冲。在刚刚出版的《史蒂夫·乔布斯传》中，乔布斯表达了其对谷歌的某种情绪："如有必要，我会用尽最后一口气，花光苹果400亿美元的积蓄，摧毁Android，因为那是偷来的产品。"

实际上，今年以来，围绕专利的巨资竞标和收购可谓此起彼伏。7月，一个由苹果、EMC、爱立信、微软、RIM（黑莓手机制造商）和索尼六巨头组成的临时联盟，以45亿美元的天价"团购"了北电网络（Nortel Networks），一举拥有了这家公司的6000多项专利，从而将竞标对手谷歌排除局外。

失落的谷歌一个月后宣称，将以125亿美元收购摩托罗拉移动，旨在将该公司的1.7万多项专利收入囊中。

这场专利收购战博弈正酣，10月6日，摩托罗拉移动因专利侵权成为被告，原告美国高智发明公司（Intellectual Ventures，下称高智）诉称，摩托罗拉移动侵犯了自己的六项专利，并且拒绝购买技术专利使用许可。高智的出场，随即在知识产权界激荡起新一轮波澜。

这家全球最大的非专利使用实体（NPE）专业从事发明与发明投资，2000年成立以来十年未有专利诉讼，直到2010年12月，首次向包括赛门铁克和趋势科技在内的九家科技公司提起侵权诉讼，但其后十一个月，高智陆续发起了六起专利侵权诉讼案，《华尔街日报》形容其"令部分科技公司胆寒"。

密集的专利诉讼、收购背后，以专利许可、转让、经营为核心的知识产权运营业务正在发生的深刻变化，其新的运营模式亦应引起亚洲国家的关注。

高智模式

时下甲骨文在起诉谷歌，苹果公司同时起诉了HTC和三星公司。摩托罗拉和Barnes&Noble（全美第二大网上书店）正受到微软的起诉。但不幸的是，摩托罗拉移动被高智起诉了。与其他进行诉讼的公司不同的是，高智并不生产任何产品，这意味着被它诉讼的对手不太可能通过反诉其专利侵权打赢官司，或者达成庭外和解。

高智成立于2000年，正值互联网泡沫破裂，许多新兴科技公司相继破产，破产的公司会以低廉的价格出售自己的专利。而专利投机者（Patent Troll，属于NPE的一种）专门收购这些专利。

高智只交易一样东西——专利。其业务模式为通过研发、购买专利所有权或使用权，并以专利组合的形式对外授权，提供防御诉讼服务和赚取授权使用费。高智称其专利组合能帮助技术公司保护自己不受知识产权侵权案的干扰。

坐拥50亿美元资金，高智目前掌握了3万多项专利，覆盖通讯、电信、计算机、新能源、材料学、食品加工和安全、医疗器械等多个领域。

高智中国区总裁严圣在接受《财经》记者采访时表示，诉讼是最后的选择。"某些案件涉及的公司，我们已经与之谈判了好几年，在长时间努力却无法得到合适协议的情况下，才采取诉讼。"

华东理工大学法学院知识产权研究中心副主任张晓东说，高智大规模启动诉讼，也是为其后续谈判增加筹码，使各大科技公司能与其合作。一旦美国相关法院认定被告系恶意侵权，被告将面临诸如3倍赔偿甚至禁令的"灭顶之灾"。

在美国，对高智模式不乏抨击者，大量技术依赖型企业害怕成为它的诉讼对象。

美国的专利侵权诉讼案在逐年增加，涉案金额少则上百万美元，多则上亿美元。根据研究机构 Patent Freedom 在今年初发表的报告，过去十年，全球380个主要NPE提起诉讼的数量持续上升。迄今为止，它们一共发起或参与了4000多件诉讼，赢得巨额赔偿金。其中斩获最多的一起诉讼获赔6.12亿美元，由NTP公司起诉黑莓手机制造商RIM的案件创造。

尽管高智创始人兼首席执行官内森·梅尔沃德（Nathan Myhrvold）是微软的前首席技术官和战略师，另一位创始人兼公司首席技术官爱德华·荣格（EdWard Jung）也曾任微软首席软件架构师，其主要投资人包括了比尔·盖茨、杜邦家族基金、惠普家族基金和以斯坦福大学为代表的大学基金，以及微软、英特尔、苹果、谷歌、索尼和诺基亚等为代表的高科技公司，但它同时也是一部分高科技公司的"敌人"。

单一的发明风险极高，高智明智地建立了一个包含数万种发明的投资组合，覆盖广泛的技术领域，使综合风险得到控制。随着它的专利池不断扩容，它成长为全世界最大的NPE，这也使它有能力对众多的高科技公司提起诉讼。

"专利投机者无产品无市场销售行为，被诉一方无法通过反诉和其他手段进行反击。而且专利诉讼案件具有不确定性，公司实力再强也没有完全获胜的把握。"北京大学知识产权学院教师黄贤涛分析说。

事实上，起初很少有人知道高智是如何收购专利的，它与谁签署了协议，将哪些专利转让给了哪些公司。英国Avancept知识产权咨询公司2010年发布的研究报告称：多达1100家空壳公司和隶属公司与高智存在关联。很大程度上它是通过空壳公司来秘密收购那些闲置在市场上，并且可能产生威胁的专利技术。通过空壳公司收购专利，还可以隐藏投资者的真实身份，有利于在专利收购价格上回旋。

严圣透露，高智资金充足，"花费不到30亿美元，通过专利组合授权已经获利20亿美元，而且专利的投资回报期很长，可以达到十五到二十年。"

有争议的伙伴

高智在美国科技企业中激荡的波澜，还没有使中国产业界焦虑。不过，在2008年10月高智进驻中国后，北京市知识产权局向北京市政府呈送了一份报告。其中没有对"高智现象"做定性判断，但在标题中使用了"专利海盗"一词，且警示有关机构应该对其开展针对性研究。

高智最先引进中国的是旗下的创意基金，于2007年设立，主要投资人为一些美国大学基金。其运营模式为，从中国高校中寻找合适的发明者，然后基金会通过谈判获得发明的技术信息，经过专家评估此项发明的前景和质量，对获得认可的发明创意，高智提供资助，并实施专利合作条约（PCT）申请。

2010年3月，上海交通大学与高智合作，共同实施"联合创新基金"项目，其合作模式为"启动经费+奖金+分成"。经学校组织，船舶海洋与建筑工程学院副教授方从启提交了简历并通过初选。高智很快预付了1万美元，此后，方从启撰写的一份技术设想报告，通过了高智组织的专家评估，之后申请专利成功，高智再付方从启2万美元。

高智在国内高校进行的每一个项目，申请专利环节发生的费用全部由高智负担，专利权则由原单位持有，高智获得全球独家使用权，并且每个项目需经国内技术进出口审核。高校可在独立开展科研和产业应用时，免费使用该项专利，但不能与其他公司合作使用。

当一项专利申请下来后，高智会将其和很多相关专利放在一起，形成专利组合整体对外授权。专利组合最终被分为"核心、外延、更外延和最外延"等几层,在一个专利组合中,起关键作用的核心专利可能不到1%。不同层级的专利对利润的贡献是不一样的,但同一层专利的贡献是绝对平均的,在分配利润时也以此为依据。一项专利按其贡献所核算出的收益,66%作为创意基金的收入,而高校则与高智平分剩下的部分。方从启告诉《财经》记者,高智承诺从所获得的收益中向发明人支付约17%的分成。

中国的大学校园里出现了越来越多"专利买家"的身影,高智是其中规模最大的一家。"现在国内已有二十几所高校与我们合作。"严圣说。

资金充裕、眼光前瞻的"专利买家"补充了国内研发界的不足,也引发了知识产权界部分学者的担心。

国家知识产权局工作人员刘彬和粟源撰文《Intellectual Ventures 是机会还是威胁——关于"高智发明"现象引发的思考》称,高智通过自己的技术专家和法律专家,利用资金优势,将高校的核心技术转化为其独家代理的专利,使中国实际上丧失了本应掌握的许多核心专利,反过来制约了中国自主创新和产业化的发展。

但华东理工大学一位入选高智创新基金项目的教授认为,目前国内高校的成果转化情况不好,主要是知识产权保护没做好。而与高智合作,有效保护知识产权,在很大程度上激发了参与者的创新积极性,"以前如果不申请专利,研究成果是以论文形式公开发表,国内外的企业都可共享。现在高智出面申请专利,还是以论文形式发表,然后申请专利保护,国内外企业就不能随便用"。

在国内,如果能拿到高新企业的资质,企业所得税率可从25%降到15%,这10%的差额激发了一些企业的专利热情,但企业获得专利,往往"是急着用来申报高新企业,不一定是用于生产"。方从启说,此前他的十个专利就只转让出去一个。

美国德杰律师事务所亚洲业务执行合伙人、国际商会国际仲裁院委员陶景洲对《财经》记者分析,国内没有类似的专利经营公司来收购高校的专利，而这些专利不去开发、利用，就是废物。

实际上，"高智的经营行为在国内并未违法。"一位国家知识产权局内部人士透露，该局目前对所谓的"专利海盗"公司亦无针对性的措施。

价值发现的价值

除最早进入中国的创意基金外，高智旗下还有发明基金（Invention Science Fund，ISF）和投资基金（Invention Investment Fund，IIF），前者以公司内部科学家研究成果为主，在获得知识产权后自产自销，获得利润；后者通过收购具有市场开发潜力的发明创造和专利经营权进行二次开发和组合，然后将专利组合进行许可、转让，从中获利。这只基金是三只基金中规模最大的，达到40多亿美元。

从高智现在的赢利模式看，并非通过诉讼来获取利润。

三友知识产权代理有限公司专利代理人何峰分析，专利作为一种可交易的商品，需要价值发现的眼光，高智所做的是一种高附加值的工作，而其合法的商业行为，有利于促进国内的专利意识，特别是对方专业化程度很高，更需要国内企业提高对专利的风险意识。

其风险在于，诸如高智这样的公司在某个产业链内一旦形成垄断局面，就有可能使促进创新的模式变为创新的阻碍。如高智采用制定专利组合的方式进行授权，在一个专利组合里往往涉及多项专利，数额甚至可能是成百上千项，即使是具体从事某项技术研发和产品制造的业内人士，也不一定能够从如此庞大的专利组合中挑选出真正有用和真正需要的专利出来，同时，由于高智专利寡头的地位，这往往意味着谈判另一方的议价能力被大大削弱，只能由高智制定专利组合和定价。

专利的研发、申请、维护需要成本，一个上万件专利规模的专利池，其支出费用非常庞大。中誉威圣知识产权代理有限公司专利代理人李春对《财经》记者表示，"对高智的警惕是对的，但不能妖魔化，专利是用合法的法律手段对技术革新的一种保护和支持。"

来自中国民间的一个案例，与高智模式有异曲同工的意味。湖南长沙巨星建材股份有限公司总经理邱则有从2001年起，开始围绕空心楼盖领域大量申请专利，编织专利网。自2003年，他开始维权，启动了大量专利诉讼，并率先在全国成立专利联盟。据媒体报道，70%的被诉对象最后成了邱则有的合作伙伴，他们向邱则有缴纳专利许可费，目前邱则有每年专利许可费的收入就达到3000多万元。

国家知识产权局官网显示，截至11月1日，邱则有名下已公开的中国专利（或中国专利申请）中，发明5043项，实用新型87项，外观设计1631项。

其实，高智早在2007年9月就开启了亚洲业务，在日本、韩国、印度皆建立了分支机构，并在新加坡设立了地区总部。日本政府感觉到高智对本国发展的威胁，曾召集相关科研院所和企业，要求其不得向高智出售技术和创意。日本民间和官方共同出资2000亿日元，推进成立产业创新机构。在日本的发展遇到阻力后，今年9月9日，高智在美国特拉华州联邦地院对日本厂商佳能和奥林巴斯提出专利侵权诉讼。

而韩国政府通过下发文件等形式，禁止韩国大学试验室、研究机构和企业向高智等公司出售知识产权。韩国知识经济部宣布设立一家知识产权管理公司，运作创业资本，收购韩国大学和科研机构的优秀思想与科研成果。这家公司还负责制定国家知识产权战略，同时与高智开展竞争。

不过，高智与韩国企业的合作进展颇为顺利，2010年11月18日，韩国三星电子加入了高智的专利组合长期授权协议和战略联盟。而韩国那家国有知识产权管理公司，则已经难以为继了。"他们甚至无法判断哪些专利是有潜在价值的。"严圣说。

一旦投资成功，回报将很丰厚。但高智的商业模式也存在较高的投资风险，因为需要长时间的积累和沉淀才会逐步产生效益。严圣分析，要想复制高智模式，必须过三道坎儿：一是资金充足；二是拥有一批对行业有前瞻眼光的专家，专利技术最重要的是布局，需看清五到十年以后的事情；三是有转化大量专利的网络，否则不断维护又不能转化，在手的专利就会成为负资产。

2010年，中国国家知识产权局在中南财经政法大学和北京大学建立"国家知识产权战略实施研究基地"，针对国家知识产权战略实施面临的重大问题以及国际国内知识产权领域新动向开展政策研究，为政府部门提供研究支撑。作为该研究基地的专家，黄贤涛提出应对建议：政府应建立专利基金，资助设立专利经营公司，同时引导中国企业借鉴国外企业防范"专利海盗"经验等。

但是，"高智的行为说到底是正常的市场行为，政府之手不宜伸得过长，否则不利于创新。"何峰说。

摘自《财经》2011年第26期

世纪之交西方知识产权观念的输入

安守廉（William P.Alford，美国） 译者：李琛

在鸦片战争之前甚至在此后的十年间，知识产权问题在中西方的经济与法律交流中都无足轻重。外国的在华投资很少，贸易对象仅限于诸如鸦片、茶叶、原丝等，散装而非以品牌名义出售。可以肯定的是，偶尔发生过用劣等茶叶冒充更为昂贵的产自龙井或其他地方的茶叶的事件，但这些事件主要是涉及对消费者的欺诈。

到19世纪末，随着外国经济与中国关系的拓展，对未经许可使用外国商号和商标的指控开始增多。起初，非法使用主要表现为中国商人不当地利用西方商人的名义以逃避外国人不必缴纳的厘金（国内税），或为了取得国内的运输许可。因此，英国沙逊洋行（David Sasson and Sons Co.）在1884年和中国人王干英（谐音）的公司发生了争议，后者被指控曾经不当地利用外国商号的名义从事商业活动。1879年，又发生控告汕头的中国鸦片加工者的诉讼，不是因为他们生产了鸦片，而是因为他们以一家英国商号的名义出售产品，可能是希望利用当地的中国官员不敢严厉处置外国人的弱点。

到19世纪末20世纪初，知识产权问题开始增加，因为中国企业希望借助进口货的声誉——这些商品产自外国人拥有的本地工厂。在国际社会前所未有地关注知识产权的氛围中——因为1883年成立了与专利商标有关的"保护工业产权国际联盟"（《巴黎公约》），1886年成立了与著作权有关的"保护文学艺术产权国际联盟"（《伯尔尼公约》），并出现了德国专

利学者弗里茨·马克鲁普（Fritz Machlup）所谓的"知识产权法在西方的复兴"——外国商人希望他们在本国已经及时注册的商标能够在中国维系其完整性。怀着这样的欲望，他们似乎无视这一事实：中国不是知识产权公约或任何知识产权条约之缔约方，没有正式的法律义务就外国人对中国人或其他外国人未经许可使用其商标的指控作出回应。而且他们也忽视了把外文的商标和商号翻译成中文时既保持原有商标的识别性又通顺得体的难度。无论如何，有证据表明在19世纪末一定数量的外国商标被越来越多地滥用（至少在商标所有人看来是如此）。

外国商人虽然对一个拥有"四万万消费者"的预期市场感到鼓舞，但并不力求通过任何协商的方式在中国的法律制度内寻求商标权救济。很大程度上，这反映了外国人对一个他们感到隔膜且轻蔑的制度的不屑。

可以肯定的是，19世纪末的中国缺乏对知识产权的正式保护。《大清律例》第153条要求商业"行人"不得"令价不平"；第154条规定，通过"把持行市专取其利"或其他不正当影响获得暴利者要受到惩罚；第156条则禁止制造商把某些商品标示为质量更优的商品。但是，没有证据表明这些宽泛的禁令曾经被正式地用于处理商标问题。后来，清政府在1898年的"百日维新"中颁布法令规范出版业及先进技术和发明的引进，但这些尝试性措施在外国人看来并未提供有意义的保护。在19世纪的最后几年中，清政府发布敕令对近20种出版物的印刷商授予垄断权，西方商界也并不认为有更大的效果。但是某些中国行会的成员能够维持其商号的完整性，或者说服地方官员协助禁止他人仿制香烟、酒、药品或其他由自己创立声誉的产品，这些保护总是地方性的，外国人无法获得。

因为外国商人认为不能指望中国人，于是他们求助于本国政府在当地的代表。到19世纪末，外国领事馆开始注册本国国民的商标，并将注册记录提交给大清海关——这是根据中外条约于1854年建立并由外国人控制的机构。但这些措施并不奏效，一方面是因为缺乏有效的执行力，尤其是在上海租界或其他主要的条约开放口岸以外的地方；另一方面是因为1900年的"义和拳"运动造成的国内动乱。因此，英国外交部最初试图在《辛丑条约》的谈判中涉及商标和其他商业问题。但是，这一谈判很快显得过于复杂，而且还牵扯到中国和其他缔约国的关系。英国外交部于是决定商谈一个独立的商务条约，尽管有些所谓的"中国通"辩称英国没能在《辛丑条约》中加入它所希望的条款意味着"中国的自主权得到承认"。

首先展开于中英之间、随后于中美和中日之间的谈判并不限于知识产权问题。外国缔约方希望建立一个他们认为适合开展国际贸易的环境。他们强迫中国人取消厘金，因为它阻碍了外国人进入四万万人之市场的努力；采用统一的国内货币；并且建立相应的法律调整采矿和合资企业以及知识产权。如果这些让步真的作出，他们会命令大清海关建立新的税率，并且再次禁止鸦片，他们甚至可能"一俟查悉中国律例情形及其审断办法及一切相关事宜皆臻妥善，英国即允弃其治外法权"。中国的谈判团队以著名的商人出身的官员盛宣怀为首，还包括新成立的外务部的代表，以及从海关请来的外国顾问，他们几乎无法对这些议题进行任何抵制。

商标保护是中国和英、美、日缔结的贸易条约中的核心问题。用中英条约的表述，中国政府的义务主要是"应允保护英国商标牌号，以防中国人民违犯迹近假冒之弊"。因为强调了中国的主权平等，以作为取消治外法权的第一步，反映了中国谈判者的利益，而且某些中国官员荒唐地相信中国产品在西方和日本有"两亿"人口的市场，所以中国同意给予外国人上述保护，"以为本国国民在海外赢得同样的保护"。

因为此时的中国没有商标法，这些条约带来一个问题：如何对外国商标提供保护。1902年的中英《马凯条约》（《中英续议通商行船条约》——译者注）规定，中国政府将要"建立牌号注册局所一处，派归海关管理其事，各商到局输纳秉公规费，即将贸易牌号呈明注册"。但任何条约都没有注册要求，也没有明确谁有权注册或规定注册后的利益。究竟何为"英国商标"——尤其是考虑到"使用"而非"注册"在英国就足以产生排他的商标权？中国国民能否在中国注册已在英国使用的商标？英国国民能否在中国注册已在中国使用、但未在英国使用的商标？简言之，谁是商标所有人？在已注册或未注册的情况下如何在中国保护他们的商标？

1903年的中美条约把通过"美国主管机构"获得的注册作为保护前提，但该条约以及同时订立的中日条约都没有回答上述《马凯条约》所涉及的疑问。这些条约也没有规定何地、何因需要注册，只是规定"在中国所设立之注册局所由中国官员查察，缴纳公道规费，并遵守所定公平章程"。

这些早期条约中涉及商标以外的知识产权形式的条款在一定程度上更为明确，但仍然留有悬而未决的重要问题。因此，1903年的中美条约（奇怪的是，这是三部条约中唯一涉及专利的）规定"凡在中国合法售卖之创制各物，已经美国给予执照者，若不犯中国人民所先出之创造，可由美国人民缴纳规费后，即给予专照保护，并以所订年数为限，与所给中国人民专照，一律无异。"但该条约也表明，这种保护只能在中国政府建立专利局并制定专利法之后才能开始，但没有规定建立此保护机构或提供临时保护的时间。同样，中美条约规定，在"美国政府亦允许将美国版权之利益给予该国之人民"的条件下，中国政府将"援照所允保护商标之办法及章程"充分保护美国人"专备为中国人民所用"之作品的著作权。其他作品连这种不确定的保护程度都得不到，虽然这些作品在"被认为损害中国利益时"，其作者享有"获得正当法律程序"的"权利"——这些模糊的条款含义不明。

19~20世纪之交的贸易条约中涉及知识产权的条款虽然含糊而多变，但并非毫无成效，在商标领域最为典型。为了履行条约义务，外务部邀请海关拟写商标法草案，因为海关与英国领事馆以及英国商人过往甚密，以英国籍的副总税务司为首的团队起草了一份基本上照搬了英国法、迎合了英国人利益的法案。这一点最明显的体现是：草案规定在中国使用的外国商标即使在中国或外国都未注册也应得到保护。类似的表现还有：考虑到英国商人可能无法提供在英国已使用商标的注册证书，起草委员会决定，在中国申请注册外国商标者无须证明有在先的国外注册。确定注册申请的接受和处理机构方面，起草委员会选择了海关自身，这是一个深受英国摆布、而非由中国政府直接控制的机构。

摘自《窃书为雅罪》法律出版社

振兴工艺给奖章程（清）

1898年7月12日清光绪总理衙门颁布

第一款 如有自出新法制造船、械、枪、跑等器，能驾出各国旧时，所用各械之上，如美人孚禄成轮船，美人佘林琦海底轮船、炸药、气炮，德人克鲁伯炼钢炮，德人刷可甫鱼雷、英人亨利马蹄泥快枪之类。或出新法与大工程，为国计民生所利赖。如法人利涉凿苏伊士河，建纽约铁线桥，英人奇路浑大西洋电线，美人遏叠灯锝律风之类。应如何破格优奖，俟临时酌量情形，奏明请颁特赏。并许其集资设立公司开办，专利五十年。

第二款 如有能造新器，切与人生日用之需，其法为西人旧时所无者，请给工部郎中实职，许其专利三十年。

第三款 或西人旧有各器而其制造之法尚未流传中土，如有人能仿造其式成就可用者，请给工部主事职衔，许其专利十年。

第四款 如有著新书贯通中外学政，深明治体，纲举目张，切实可用于今日者，或能博澂时务，发明经义，原原本本有功圣教者，请特恩赏给翰林院编检实职。或派往各省学堂为总教习。

第五款 或著新书发明专门之学，如公法律例、农学、商学、兵法、算学、格致之类，确有心得，请赏给庶吉士主事中书实职。发交总署及出使各国大臣各洋务省份因才器使，或派往京师及各省大学堂专门分教习。每一人所著书必在二十万言以上，乃得请奖，杜冒滥。既得奖后，其书亦准自刻，专售二十年。

第六款　如有独捐巨款兴办学堂，能养学生百人以上者，特请恩赏给世职或给卿衔。能养学生五十人以上及募集巨款能养学生百人以上者，请给世职或郎中实衔。募捐能养学生五十人以上者，请赏给主事中书实职，其学堂请颁御书匾额，以示鼓励。

第七款　如有独捐巨款兴办藏书楼博物院，其款至二十万两以外者，请特恩赏给世职。十万两以外者，请赏给世职或郎中实职，五万两以外者，请赏给主事实职，并给匾额如学堂之例。

第八款　其捐集款项办藏书楼博物院学堂等事仅及万金以上者，亦请加恩奖以小京官虚衔。

第九款　如有独捐及募集巨款，开辟地利若干，设建枪炮厂，每日能制枪炮若干，视功用之大小款项之多寡为奖给之等差，一如第七款之例。

第十款　以上各款分别请奖之例，皆就未得官之人而言。若已经授职人员，则遵奉上谕照军功例，请就原官超擢。惟款中所有特恩字样，则已仕未仕皆同一律。

第十一款　凡请奖励之例或由本人将所制之器、所著之书、所办之事呈明总理衙门查核奏请办理，或由京外大员将所制之器、所著之书、所办之事奏请总理衙门查核办理。

第十二款　凡著书制器各事，必由总理衙门认真考验实属新书、新器、乃得给奖；捐办各事，必行查地方官所办属实，乃得给奖，若有抄袭陈言，冒认新书，私贩洋货，自称新器及兴办各事，捏报不实等情，自应从严驳斥，显暴于众以愧耻之。若竟侥幸售欺得奖，一经查出，除撤销奖案外，仍当严示惩创。已得官者革职治罪，未得官者另行酌情罚重款，禁锢终身。原保大臣分别议处。

专利布局，一场面向未来的圈地运动

姜洪波

专利布局这个说法可能比较难懂，科技行业的专利布局，也许更加难懂。

那就从好懂的商标布局开始说起。

还记得"iPad商标侵权案"么？深圳唯冠科技有限公司起诉美国苹果公司侵犯其"iPad"商标权案件。该案件经过三次开庭，最终判定苹果侵权。2012年2月，唯冠要求在上海地区禁售iPad的听证会结束，苹果提请驳回禁售令。2012年6月，广东省高院通报，苹果支付6000万美元一揽子解决iPad商标纠纷。

再来看一下爱玛仕的中文商标案。三十多年前，"爱玛仕"在中国注册英文"HERMES"商标，却迟迟没有注册中文商标。三十年后，当他们看到"爱玛仕"被某制衣公司注册后，找到商评委要求撤销，被拒。

说到专利布局，为什么会说商标的事情呢？

因为商标、域名、专利原来都是一样的东西。专利布局，其实四个字可以概括：圈地运动。用商标和域名来说，就是你提前把别人可能要注册的东西注册了。听起来像是一件无耻的事情，可是这个又确实是合理合法的。

圈地这件事，从中国的房地产行业来看最清楚不过了，花钱把你要的地买到手。和花钱注册商标域名，是一样的道理。

科技企业的专利布局，其本质上来说就是科技界的圈地运动。俗话说条条大路通罗马，每条可以到罗马的道路，就好比一条高速公路，在所有可能的道路上都设上卡，这就是专利布局。

商标、域名行业基本都是在很好地贯彻着这个思想，所以才有了我们喜闻乐见却又不屑一顾的iPad商标事件、爱玛仕中文商标案。

专利布局在中国科技企业身上，还很难见到真正能做到圈地运动的，相反，以苹果和3M为代表的企业却在专利上很好地贯彻了圈地运动这个理念。

为什么美国公司会圈地，中国公司自己不圈呢？这里不能不提中国的知识产权保护大环境很差，因为圈地运动在国内这样的环境下很难看到成效。国内的专利纠纷维权成本过高，而且鲜有见到专利维权胜利的情况，TMT业内曾经流传一句话：没有专利的卖中国没有问题。

为什么国内企业把过多的视线和精力摆在了商标申请和域名申请上，而专利申请布局却少有公司能做到？因为商标申请和域名太简单了，几乎没有门槛，基本只需要名字和钱就可以办下来了。而专利大部分公司都不重视，少数公司重视也仅仅是一阵风，在康佳重视专利申请的最近几年，我申请了90多项专利。有一年时间，花了一个月，每天晚上一个专利。国内公司主要还是把专利申请数量当成专利谈判的一种资本，很少有真正懂专利布局的人。一般研发过程，都是自己做什么，才写什么专利。其实一个项目开发的过程，专利布局应该是走在最前的。当你想要做一个产品，想到了N种可能实现的方法，就应该把这N种方法申请专利，再选择其中一种最易实现最合理的方式来做。可是现实通常不是这样，现实情况是只有真正使用的方法才被写成了专利。

对比商标和域名，专利申请的时候有一定的难度，你不可能只提供一个名字，你要写解决方案，你要写权利要求书，还有专利申请费和维护费。是不是想到这些就头大？天哪，这么麻烦我不要。

但是，其实专利并不是一个神秘的东西，也不是什么高技术含量的东西，一个专利要包含创新性、新颖性、实用性，很多时候我们搞不懂这三个怎么达到，但是其实所有的创新新颖和实用，都是相对而言的。

所有的创新发明，都是一次重新定义，对原有需求实现方法的一次重新定义。看看最近苹果刚刚申请的一个专利（见下图）：

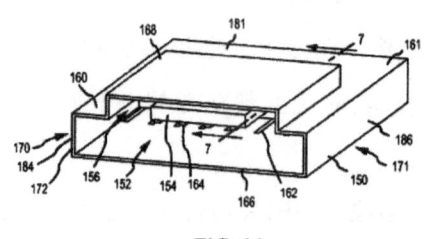

FIG.4A

也许你会很不屑地说，这是个什么专利啊？不就是一个USB和SD卡槽相结合的东西而已，有什么用？很不好意思地讲，这个确实有用，也许这个会被用到新的Macbook Air上，用来减少接口的个数。这就是一个对功能需求的重新定义，将USB和SD，从两个连接口放到一起。其实专利和互联网产品是相通的，就是解决了某一部分的需求，这个需求可以是强需求，也可以是弱需求，但是只要是需求，就有用到的一天。有的现在是弱需求，将来也有可能成为强需求。

再举个例子，3M公司的DBEF——反射性偏光片。这是一个增亮的产品，功能就是可以让两个偏振方向的偏振光，其中一个可以通过，另外一个反射回去。这个专利大概在二十年前左右申请，当时3M的研发人员申请这个专利也不知道他可以怎么应用，可是到液晶显示崛起时，这个沉睡了很多年的产品为3M赚了数百亿美元。

今天有朋友和我说：我们写个什么什么专利吧。我说算了吧，专利这个圈地运动不是我们个体户或者小公司玩的。专利的玩法其实类似房地产开发，资本雄厚的多屯地，资本不足的或者个人创业的，写你自己能做的就好了。

专利，一场看不到硝烟的圈地运动，中国的科技企业你们准备好了么？

摘自"雷锋网" 2013年7月8日

仿制药时代：最好与最坏

刘 琳

"这是最好的时代，也是最坏的时代。"——尽管狄更斯《双城记》的开头已被用成了"万金油"，但对当下的中国仿制药产业来说，这句话依然最贴切不过——如今，中国医药行业的仿制药领域正处在这"最好"与"最坏"的时代当口。

最好的机遇

仿佛一夜之间，全球医药行业内黄金遍地。

从2012年1月1日起至2016年12月31日的五年间，全球将有多达631个专利药到期。专利药到期高峰的到来，意味着研发并掌握着这些药物的跨国制药巨头正在告别长达二十多年的黄金时代，而那些大量"散落"下来"黄金"，被认为正在打造一座全新格局的"仿制药之城"。

众所周知，当今世界，任何一种带给人类福音的药物都诞生得艰难而昂贵。按照世界公认程序，新药的研发有一个严格的筛选过程。开始的实验室阶段，实验人员需拿出近1万种化合物进行逐一尝试，最后从中开发出一种新药。从实验室起步直到用于临床患者，每种新药的研发周期平均为十二至十三年。据美国药品研究与制造商协会提供的数据，其29家跨国企业会员去年在新药研发上的总投入超过1000亿美元，其会员企业每年将20.5%的销售收入投入研发，而每种新药的研发花费平均为12亿美元。另据一项跟踪研究表明，对制药企业而言，每10种药物只有3种能够收回成本，每2.5万个化合物中仅有1个能够盈利。

也正因如此，原创性新药受到国际专利法的严格保护，但是一旦一定年限的专利保护期满，其他公司就可以对专利过期的原研药进行仿制生产，因为没有高昂的研发成本，仿制药的售价理所当然地比原研药大幅跳水，而原研药的销量和利润通常也因此暴跌，这就是所谓原研药的"悬崖时刻"。

对掌握原研药的公司来说，这难免是个令人无限伤感又经历阵痛的时刻；对觊觎已久的仿制药公司来说，是否提前做好准备、是否具备能力，决定着能否如愿"捡拾"到与专利一同坠落悬崖的"黄金"。而对普通患者来说，真正过硬的仿制药带来的是价廉质优的治疗。

其实，早于2012年，全球最大的制药公司——辉瑞就已经开始经历"疼痛"。

这注定是个备受全球瞩目的"悬崖时刻"。2011年11月30日，全球"销量最大的专利药"——"立普妥"（Liptor）在美国的专利保护到期。要知道，降胆固醇药"立普妥"是这样的一个时代神话：到目前为止，它是全球唯一一个销量超过1000亿美元的明星药品；高峰时它曾为辉瑞带来130亿美元的年销售贡献。

但即便是"立普妥"也没有逃脱"专利悬崖"的魔咒。7月31日，辉瑞在华尔街发布财报称，今年第二季度净盈利增长25%，不过同时明确指出，这是由于生产成本及营销和重组开支的大幅下降，抵消了仿制药竞争导致"立普妥"销售额锐减的结果。今年第二季度，"立普妥"在美国的销售额锐减79%，从上年同期的14亿美元降至2.96亿美元；在全球的销售额下降53%，至12.2亿美元。

为专利药到期"疼痛"的何止辉瑞。据今年9月的最新数据显示，全球制药业的另一巨头——默沙东的最畅销药物"顺尔宁"（Singulair），在首批仿制药进入市场后的短短4周内，销售量急剧下跌近90%。"顺尔宁"一直是默沙东的重磅药物，被广泛应用于过敏性鼻炎及哮喘的治疗，其2011年的美国销售额达35亿美元，全球销售额达50亿美元。就在7月份，华尔街分析师还认为，默沙东失去这一市场的90%份额需要两个月的时间。不料，谶言成真仅用了一个月。

事实上，资料显示，到2016年，全球约有2550亿美元的药物专利到期，其中像"立普妥"这样的"重磅炸弹"可谓比比皆是：在全球最畅销处方药Top20中，竟有18个名列其中，而仅此18个处方药的全球年销售额就高达1420亿美元。

相对于原研药企业感受到的寒冷，全球范围内的众多仿制药企业在这巨大利好的刺激下热血沸腾，为这历史性时刻的到来摩拳擦掌，意气风发。

在中国，总数5000多家的制药企业中有97%以生产仿制药为主，是绝对的"仿制药大国"。那么，在这仿制药的最好时代，面对仿制药市场的绝佳机遇，中国药企准备好了吗？

最坏的现实

在看病吃药问题上，对中国百姓的两种做法和共识，政府部门一直在试图引导扭转，可惜总是成效不大有点累，那就是：不管大病小病就跑"三甲"医院，不管花钱多少最信进口药。对于吃药，老百姓普遍的印象和体会是：同样成分的药，进口的比国产的有效，合资的比国企的有效。很多患者宁愿多花点钱选择进口药而不使用国产药品。

确实，正如患者所感受到的，国内医药界人士承认，一直以来，国产药市场的现状很有点糟糕。

事实上，在目前的中国市场上，国产药的现状几乎就是仿制药的现状，因为国产药的95%左右为仿制药。中国是名符其实的仿制药大国，却远不是仿制药强国。中国医药界共同的自我认定是："我国部分仿制药质量与国际先进水平存在较大差距。"

所谓仿制药，其虽为仿制，却不是与被仿制品像个大概就能敷衍的山寨货，在国际市场上，各国对仿制药都有着同样严格的要求。以美国为例，美国FDA（食品和药物管理局）要求获批仿制药必须满足以下条件：与被仿制产品含有相同的活性成分，其中非活性成分可以不同；与被仿制产品的适应症、剂型、规格、给药途径一致；生物等效；质量符合相同的要求；生产的GMP（药品生产质量管理规范）标准和被仿制产品同样严格。

来看中国。近些年，从国家食品药品监督管理局（SFDA）公布的质量公告来看，我国药品抽验的不合格率极低，按理说，这应该说明我国药品的质量是有保证的。但业内人士却指出，我国已上市的部分仿制药质量与原研药疗效无法同日而语，在临床上的表现更是不尽如人意，相当一部分属"安全、无效"和"安全、不怎么有效"。

历时四年的"全国评价性抽验工作"中所进行的一项"探索性研究"证明了这一说法。此项研究显示，一些仿制药产品与原研药存在着相当的差距，尤其表现在体外溶出度和体内生物等效性这两项反映药品等效的重要指标上。研究人员仅在体外实验中就发现，仿制药制剂的体外多条溶出曲线与原研品相差甚远。研究人员指出，如果体外溶出曲线都相差甚远，可以想见，这样的仿制药与原研药在体内生物利用度上的差距会有多大。

对这种"合格的无效药"现象，中国医科院药物研究所副所长杜冠华一语点破：其主要原因是我国执行的质量标准太低，技术审评要求的技术门槛过低，致使国内制药企业几乎无需进行深入研究即可达标。他指出，现行的质量标准只是控制成分、含量和外观性状，这些只反映药品的一个侧面，而根本的质量保证应该是使仿制药做到与原研药同样稳定、一致的药效。拿最简单的样品数为例，国内药审部门要求药厂提供的中期试验规模为1万片，而在日本则需要10万片。因此，我国的一些仿制药目前能做到的仅是化学等同，而生物等同、安全等同、临床等同还遥不可及。

中国制药行业还有一个怪现象：一个技术含量较低的药品专利过期后，几十家甚至上百家企业对其进行简单的、完全相同的仿制。如退烧药"安乃近"这样的低价格药品，国内生产商超过了100家，为了赢得销路，各企业之间恶性压价竞标，价格最终低到企业无法承受。而对于那些技术含量高的药品，敢于尝试仿制的企业却不多。

有业内专家认为，由于技术门槛过低，就仿制药制剂而言，中国的质量水平不但比美国落后四十年，比日本落后三十年，比印度也有十年的差距。

可期的未来

虽然国产药的现实难如人意，但最近不断传来的提振信心的消息，令人不禁对中国医药行业的未来充满期待。

从国家层面来说，仿制药一致性评价工作今年启动。这是国家全面提高仿制药质量的一项重要举措。也就是说，国家将对2007年修订《药品注册管理办法》施行前批准的仿制药，分期分批与被仿制药进行质量一致性评价，特别是已经纳入国家基本药物目录、临床常用的仿制药将在2015年前完成。

我国仿制药生产企业和品种之多令人惊叹，目前，在基本药物中，仅570个化学药品品种就涉及到3.3万个批准文号、2400余家药品生产企业。国家食品药品监督管理局副局长吴浈表示，按照国务院今年1月正式印发实施的《国家药品安全"十二五"规划》的要求，此项评价工作将动真格，对未通过评价的产品将不予再注册，并注销其药品批准证明文件，届时，必定会有一批药品因达不到要求而必须退市。按照这个规划的部署，到2015年，中国的药品标准和药品质量应大幅提高，药品安全保障能力应整体接近国际先进水平。如果一切顺利，到那时中国患者应该能享受到真正合格的国产药。

从企业和市场上看，全球仿制药江湖风起云涌，全新的市场格局正在形成中。

9月13日，浙江海正药业股份有限公司与辉瑞在杭州举行盛大仪式，宣布由双方合资组建的"海正辉瑞制药有限公司"正式成立。海正辉瑞的首席执行官肖卫红明确表示，该合资企业将面向中国和全球市场开发、生产和推广包括品牌仿制药在内的专利到期药物。

据悉，注册地和生产工厂位于浙江富阳的海正辉瑞制药有限公司总投资2.95亿美元。其中海正药业和辉瑞的持股比例分别为51%和49%。海正和辉瑞分别向合资企业注入现有产品线中的精选产品,目前的产品组合覆盖肿瘤、心血管、抗感染、神经系统、免疫抑制剂等治疗领域。

早在去年6月海正与辉瑞就签署了合资意向书。今年2月,在访美的中国国家副主席习近平、美国商务部长布赖森及中美高层官员的见证下,双方在洛杉矶签署了合资框架协议。

辉瑞中国总经理吴晓滨博士说,作为全球制药业"老大",这次合资谈判以49%的次席成交,这在辉瑞的全球运营模式中是罕见的,由此足见辉瑞对海正的看好,对中国市场的看好。

无独有偶,不知是有心还是无意,抢在海正辉瑞典礼的前一天,美国第二大制药商默沙东与中国本土药企先声药业联合宣布双方在中国的合资公司正式投入运营。尽管在其发布的消息中没有一处提及仿制药,但业内专家表示,这可能是因为默沙东和先声担心专业领域的"仿制"一词被误会成声名不佳的"山寨"而刻意回避,其合资公司的目标就是中国广阔的仿制药市场。

事实上,包括赛诺菲-安万特、葛兰素史克(GSK)在内的全球各大跨国制药商纷纷发力曾经不屑一顾的仿制药市场,尤其对包括中国、印度、俄罗斯、巴西在内的新兴市场的仿制药市场虎视眈眈,通过合资、并购、合作等各种方式布局中国市场。之前,另一家医药巨头诺华制药宣布,将在中山打造中国最大的仿制药生产基地。显然,"让别人仿制不如自己仿制",正成为面临专利到期高潮的原研药企业的新思路。

据全球权威医药健康咨询公司IMS分析,到2015年,新兴市场占全球药品销售额的比例将从2005年的12%上升至28%,而新兴市场中的绝大部分销售额来自专利药物的仿制药。目前,仿制药在全球药品市场中的比重已从2000年的7%提高到15%左右,预测2015年将占据50%,而中国将在2015年会成为全球第二大医药市场。

专家认为,在此新一轮的合资热潮中,国内原料药企业向仿制药国际化的产业升级正当其时,中国制药企业在学习先进管理经验、借船出海等诸多方面应获益良多，就像海正辉瑞的合资，辉瑞因此在中国市场上落下一颗重要的棋子，海正由此布局进军国际市场的重要一步，双方都期待共赢。中国医药企业管理协会会长于明德说，对中国医药行业来说，从"以仿为主"到"仿创结合"，再到完全"自主创新"，这是必由之路，不可能一步登天。

患者的福音

其实，跨国制药大鳄放低身段布局仿制药市场，除了专利到期高潮的原因，另有两个重要因素。

一是新药的研发变得越来越困难。2010年，全球仅有21只新药推向市场，是1997年以来的最低值。以往的新药尤其是那些大销量的治疗药都是以有确凿科学依据的疾病为对象的，但如今新药开发面对的大都是疑难杂症，发病机理十分复杂，且大部分至今没有明确答案。此外，政府对临床试验的严格监管也使得新药开发的难度进一步增加。因此，以往那种放弃专利到期的"旧爱"立即转向开发、寻找"新欢"的经验已经行不通了。

而另一个最重要的原因是，出于控制日益增长的医疗卫生支出的考虑，全球各国政府都出台了支持仿制药发展的政策。而仿制药市场的健康发展，最大受益者是病患。

美国近期公布的数据显示，随着仿制药的使用率持续走高，过去数十年间，仿制药的使用为美国节省了1万多亿美元的医疗开支。美国仿制药协会今年的报告指出，2011年全年，仿制药为美国节省下高达1930亿美元的医疗开支，较2010年的1580亿美元更增加节省22%。而2002年仿制药为美国节省的医疗开支总额为600亿美元，不足2011年节省总额的三分之一。

这份报告还指出，如今，美国患者已普遍倾向于选择仿制药而非昂贵的专利药。2011年，美国境内开出的处方药药单数量高达40亿件，而仿制药处方单的比例达80%，但如此高的比例所用的花费仅占处方药总开支的27%，原因当然是仿制药价格远远低于专利药。

在印度，政府支持仿制药的力度更大，去年低调通过了一项为公众免费供应药物的政策，将于近期正式实施。从城市医院到乡间诊所，印度的公立医生将很快可以给所有患者开出免费的非专利药。根据这项政策，医生开给病人的药品仅限于一个仿制药清单，如果医生开出专利药品，将面临处罚。预计到2017年4月，此项政策将使52%的印度民众得到免费药品，涉及资金规模54亿美元。去年，印度公共医疗经费仅为4.5美元/人。

在中国，医保控费对仿制药的发展同样利好。根据国家卫生部发布的《"健康中国2020"战略研究报告》要求，到2020年，中国各级医疗卫生机构中所购买的药品价值中民族企业占80%以上。其实，要实现这个要求并不需要强制行政手段，据相关专家介绍，随着未来几年医改在经济补偿、合理价格、收付费方式等一系列改革的深化，仿制药的春天自然就会到来。

毫无疑问，在仿制药健康发展的前提下，仿制药盛宴最终是属于普通患者的。

摘自《新民周刊》2012年第38期

专利司法实践对专利制度及立法的推动与完善

——对北京法院专利审判二十年个案的回顾

程永顺

2008年是中国改革开放三十年。在这改革开放的三十年中，科技创新犹如一道不断崛起的脊梁，支撑提升着我国经济社会的发展。与此相随，"为天才之火添利益之油"的中国专利制度，已从三十年前的星星之火，成今天的燎原之势。回顾自改革开放以来，中国专利制度的发展，司法实践在其中所起到的巨大作用不容忽视。而在专利司法实践中，北京法院又首当其冲。正如最高人民法院李国光副院长在北京市法院成立知识产权庭建庭七周年时评价指出的那样，北京法院不少案件受到我国司法界的充分肯定，为全国知识产权司法保护提供了可供参考的案例。郑成思先生也评价称"法官已经走在了立法与法学的前面"。①

我国专利法确实是在实践中不断修改完善的，这里的修改与完善当然离不开二十多年的专利司法实践。在纪念中国改革开放三十年之际，本文就北京法院审结的一些司法判例及司法实践活动对专利制度及立法的推动作用作一回顾。

一、通过司法案例对"职务发明与非职务发明"的界限加以明确

1989年的"陶义诉某地基公司专利权属纠纷案"，对于明确职务发明和非职务发明的法律界限作出了重要的贡献，该判例被写入1994年中国政府关

---

① 《北京知识产权审判案例研究》一书中专家点评。

于《中国知识产权保护状况》白皮书中，得到了社会的广泛好评。

陶义是北京市城市建设总公司构件厂（简称构件厂）厂长，1984年4月16日，陶义根据自己在中国人民解放军基建工程兵六支队工作时多年从事地基工程施工积累的经验，完成了"在流砂、地下水、坍孔等地质条件下成孔成桩工艺的方案"（即后来申请专利的"钻孔压浆成桩法"），并将该技术方案完整地记载在自己几十年来专门记录技术资料的笔记本上。1984年6月，经上级批准，在构件厂内部成立了北京长城地基公司，陶义兼任经理。1986年1月25日，陶义将其发明定名为"钻孔压浆成桩法"，向中国专利局申请了非职务发明专利。1986年7月，构件厂扩大了经营范围，增加了"地基处理工程"项目。1986年10月3日，北京长城地基公司与构件厂脱离，改编为与构件厂同级的某地基公司，陶义任该地基公司经理。1988年2月11日，陶义获得非职务发明专利权，专利号为86100705。1988年6月，陶义辞职离开地基公司。1988年12月25日，地基公司请求北京市专利管理局将"钻孔压浆成桩法"发明专利确认为职务发明。1989年8月1日，北京市专利管理局作出处理决定，确认"钻孔压浆成桩法"发明专利为职务发明，专利权由地基公司持有。

陶义不服提起诉讼，请求法院判决该发明不是职务发明，专利权归其个人所有。一审法院认为陶义在完成发明专利的过程中利用了本单位的设备，因此判决陶义和其原单位共有该专利。陶义不服判决提起上诉。二审法院经过审理，最终判决发明专利权归陶义所有。

1992年5月本案终审之后，在社会上，特别是专利界和科技界产生了重要的影响，因为它对于全面理解专利法关于职务发明和非职务发明的界限规定具有积极意义。本案审理中明确了职务发明中的很多法律概念，比如"发明完成时间"、"本职工作"、"履行本单位交付的本职工作之外的任务"、"调动工作一年内作出的、与其在原单位承担的本职工作或者分配的任务有关的发明创造"、"利用本单位的物质条件"等，并为在实践中如何理解法律条文、对职务发明与非职务发明如何作出判断，厘清了界限。更为重要的一点，本案是法院对于国有企业个人专利权人非职务发明专利权的肯认，极大地调动了广大科技工作者和群众发明创造的积极性。职务发明制度是专利制度的基本内容之一，我国传统的社会主义经济制度，使得国有企业财产权国家所有的概念根深蒂固，在这样一个有争议的案件中，将专利权判归国有企业的厂长私人所有，在当时并不是很容易的事情。这也是该案在当时和以后具有重要影响的原因之一。

二、法院对行政权利的司法监督最初得到的认可

1990年"香港美艺（珠记）金属制品厂诉专利复审委员会'惰钳式门'专利无效案"，是我国专利法实施后人民法院判决的第一件专利行政纠纷案件，本案除了对专利实质性条件之一的"创造性"做了明确界定之外，其判定专利复审委员会败诉的结果，也在社会上引起了极大的反响。该案被写进七届全国人大五次会议《最高人民法院工作报告》中，并受到世界知识产权组织前总干事鲍格胥的高度赞扬。

1985年4月1日，香港美艺（珠记）金属制品厂（简称香港美艺厂）向中国专利局申请了一项名称为"惰钳式门"的发明专利，并于1988年6月23日授予其专利权。随后，在广东出现多家工厂仿制专利产品的情况。于是，专利权人开始通过法律手段寻求保护。令专利权人始料不及的是，一些侵权诉讼的被告于1989年5月和1990年3月间，先后以"惰钳式门"发明专利缺乏新颖性和创造性为由，向专利复审委员会提出无效宣告请求。专利复审委员会经过审查，以该发明不具备创造性为由，于1990年12月31日作出第112号无效宣告请求审查决定，宣告该发明专利权无效。

香港美艺厂对专利复审委员会的无效宣告请求审查决定不服，在法定期限内向北京市中级人民法院起诉。主要理由是："惰钳式门"发明同申请日以前已有的技术相比，具有突出的实质性特点和显著的进步。专利复审委员会，否定"惰钳式门"发明的创造性是不适当的。因此请求法院撤销专利复审委员会的无效决定，维持第85101517号发明专利权有效。

北京市中级人民法院认为，香港美艺厂的85101517号"惰钳式门"发明专利具有突出的实质性特点，符合中国专利法关于创造性的规定。因此，判决撤销专利复审委员会第112号无效宣告请求审查决定。被告专利复审委员会不服该判决，提起上诉。北京市高级人民法院经过审理，于1992年3月4日判决：驳回专利复审委员会的上诉，维持原判。

这是中国第一件涉外（注：涉港、澳、台案件按涉外案件办理）专利权无效行政案件，这是第一件因专利权无效走完全部审判程序（复审、一审、二审）的案件，这是第一件专利复审委员会在法院一、二审全部败诉的案件，这是第一件专利复审委员会不服一审法院判决，提起上诉的专利行政案件，这是第一件法院审判涉及专利创造性的案件，这是第一件法院由5名法官组成合议庭的专利行政案件。这一案件的判决，在当时国内外引起很大反响，以至当时世界知识产权组织总干事鲍格胥先生亲自到香港宣传这一案件。

在当时专利复审委员会作为政府行政部门，被视为国家的代言人。法院是国家的一个政权机关，无论是国人还是海外，对于在国家行政机关作为被告时，法院所能秉持的公正和中立，都是抱着怀疑的态度。本案中，作为一个政府部门的专利复审委员会成为被告并输掉了官司，这在中国知识产权领域是第一次。该案使得一些对中国专利制度中的执法者——法院——没有信心的人，开始建立信心。开始认识到法院至少在知识产权领域中所具有的独立性和公正性。

三、专利侵权审判中适用"多余指定原则"的来龙去脉

1991年的"周林公司诉A公司、B公司'周林频谱仪'专利侵权"一案，确立了在专利侵权判定中，可以根据案件的具体情况，结合专利说明书及当事人的请求，适用"多余指定原则"认定侵权。

1987年5月20日，周林向中国专利局递交了发明名称为"人体频谱匹配效应场治疗装置及生产方法"（简称频谱治疗装置）的专利申请，该申请于

1990年6月6日被授予发明专利权。1988年开始，周林就其发明"频谱治疗装置"的开发利用，曾与B公司有过合作关系，后因故中断。

1989年9月15日，B公司向中国专利局递交了发明名称为"宽带仿生波谱治疗仪发射谱优化装置"（简称波谱治疗仪）的专利申请，该专利申请于1990年9月5日被授予实用新型专利权，其后B公司开始制造、销售波谱治疗仪。

周林发现市场上销售的波谱治疗仪，认为该产品侵犯了自己的专利权，于1991年7月向法院提起B公司侵犯其专利权的诉讼。

本案中，法院认为被控侵权产品"波谱治疗仪"与"频谱治疗装置"相比，缺少一项技术特征，即"立体声放音系统和音乐电流穴位刺激器及其控制电路"，其余技术特征则构成相同。

法院认为，结合该专利说明书对本发明目的的阐述，并结合该专利整体技术方案的实质来看，"立体声放音系统"这一技术特征的确不产生实质性的必不可少的功能和作用，专利申请人将这非必要技术特征写入独立权利要求中，显系申请人理解上的错误及撰写申请文件缺乏经验误写所致，故应视其为附加技术特征。因此，侵权物中缺少了专利的附加技术特征，仍然应当认定侵权。

最终，一审法院判定两被告侵权，二审法院维持原判。

这一案件所体现的就是对侵权行为的认定，可以适用"多余指定原则"。这一案例在社会上引起了很大争论。由于专利权人的失误，将附加技术特征写入独立权利要求，致使权利保护范围变小，权利人的"失误"，后果应当由谁承担？

多余指定原则司法理念的出发点主要是民法原则中的公平原则，在当时中国专利发展的环境下，就周林频谱仪的专利而言，技术特征"立体声放音系统"和频谱治疗的发明目的并无直接的关系，应当认定为是"多余"的技术特征。

为了防止"多余指定原则"的滥用，造成对专利权保护的过度，北京市高级人民法院于2001年在《专利侵权判定若干问题的意见（试行）》中对"多余指定原则的适用"作出了严格的限定条件。即：1. 该技术特征必须是非必要技术特征，而不是实现发明目的及发明效果必不可少的必要技术特征；在认定是否非必要技术特征时，必须依据专利说明书中发明目的。2. 禁止反悔原则优先适用于多余指定原则，该技术特征不得存在专利权人反悔的情形；3. 法院不应当主动适用多余指定原则，而应以原告提出请求和相应证据为条件；4. 对于发明程度较低的实用新型专利，一般不适用多余指定原则确定专利保护范围。[①]

四、在司法实践中适用"禁止反悔原则"

1992年的"北京王码电脑总公司诉东南技术贸易总公司专利侵权案"是国内法院在借鉴国外审判经验的基础上，首次在专利侵权案件中引入"禁止反悔"的概念。

1985年4月1日，王永民向中国专利局申请了"优化五笔字型编码法及其键盘"（简称"优化五笔字型"）发明专利。在专利审查过程中，由于涉及到现有技术，申请人先后三次修改了权利要求书文本，将从属权利要求的大部分技术特征写进独立权利要求，使专利权利要求从十七项减少到七项。最终于1992年2月26日获得授权。

1992年，东南公司在制造销售的东南汉卡中使用了五笔字型第四版技术。五笔字型第四版技术与"优化五笔字型"专利在技术上有联系，这些联系便是在现有技术方面基本相同，即发展的基础相同，二者的区别在于：1. 五笔字型第四版技术是由199个字根组成的编码体系，比"优化五笔字型"专利技术所用的字根减少了21个；2. 五笔字型第四版技术在五个区位字根所对应的键盘键位发生了变化；3. 五笔字型第四版技术减少了字型。

原告认为东南公司未经许可，在其生产的东南汉卡系列产品中非法移

[①] 时过十五年，最高人民法院在"混凝土薄壁筒体"实用新型专利侵权案再审案件中明确指出：本院不赞成轻率地借鉴适用所谓的"多余指定原则"。

植、改装、使用了其专利，于是提起侵权诉讼。

一审法院认为，五笔字型第四版的主要技术特征落入"优化五笔字型"专利技术的保护范围之内，被告未经允许使用，构成侵权。

被告不服，提起上诉。在判断是否构成等同替换的过程中，被告主张，字根的减少并非在220个字根中删减的结果，而是依据易学易记的目标需要，重新优选字根的结果，这其中注入了开发者创造性的劳动。原告表示反对，认为被告技术与其专利技术并无实质性不同，构成等同侵权。

为此，被告审查原告在专利申请中的文件，指出原告王永民在1989年9月25日答复他人异议的意见陈述书中曾言明：自己的优化五笔字型（即第三版，220个字根）与原五笔字型方案（即第一版，235个字根）相比较，其字根的选择和组合，是具有创造性的智力劳动成果，增加、减少或者打乱这些字根，都会使本发明成为任何人都无法实施的技术。而第四版针对第三版所取得的进步，比第三版相比于第一版取得的进步要大得多，但是，现在原告却极力否认第四版技术与第三版技术的本质不同，违反了禁止反悔的原则。

被告的这一抗辩得到了法官的认可。二审法院推翻一审法院的判决，认为是两个不同的技术方案，被告的行为不构成侵权。

这是禁止反悔原则的一个典型判例。禁止反悔原则在其发展渊源来看，实际上是英美法系中的"禁止反言"（doctrine of estoppel）原则在知识产权法中立地生根后，与专利法相结合的产物。禁止反悔原则是民法中的诚实信用原则和公平原则在专利法中的体现。禁止反悔原则在许多国家的专利诉讼中得到了广泛应用。本案是我国司法实践首次对于该原则的引入，目前在我国，禁止反悔原则在法院审理案件中被越来越多地运用。在《专利法》第三次修改草案中，曾明确地规定了禁止反悔原则，这表明禁止反悔原则已经得到了我国的认可。可以看见一个非常清晰的脉络，就是司法实践在很多方面都是走在立法之前的，并最终上升为立法而又通过司法过程进行不断的完善。

五、"公知技术抗辩"在司法实践中的应用

1993年的"李光诉首钢总公司重型机械公司侵犯实用新型专利权案"确立了在专利侵权诉讼中被告可以利用"自由公知技术"进行抗辩的原则。

李光是"旗杆"实用新型专利的专利权人，该专利权利要求为："一种旗杆、由杆体、滑轮和旗绳组成，其特征在于，杆体是中空的，空腔分成下气室、中气室和上气室，在杆体旗帜升起的一侧开有若干个升旗排气孔和挂旗排气孔，杆体的下部装有分别通往3个气室的进气管，并与气源相连。"

某机械公司制作的"旗帜吹飘装置"由主旗杆、旗帜、小旗杆、定滑轮、升降绳、风机组成。主旗杆顶端装有球形旗冠装饰。在中宽的主旗杆上部设有扁形吹风孔、下部设有进风孔，在主旗杆上部侧面装有定滑轮，在主旗杆上部与旗帜升起时的适当位置处等间距地装有6排12个不对称的扁孔锥形风嘴，并镶嵌于主旗杆吹风孔内；风机出风口与主旗杆进风口通过带法兰的软管联通，风机进风口设有风量调节阀，主旗杆底端固定在地基上，风机固定在基座上。

李光起诉机械公司生产的"旗帜吹飘装置"侵犯其专利权。

案件在法院审理中，被告以公知技术进行了抗辩，其提交了一份原告专利申请日之前已进入公有领域的专利申请说明书，该专利申请说明书披露了一种静风时的旗帜飘扬装置，它由旗帜、空心旗杆、基座、吹风机组成，无风或微风时，开动吹风机，使空气沿空心旗杆的管道上升到空心旗杆悬挂旗帜位置，并从其上的竖直的两排小孔中排出，以较强的气流吹动旗帜飘扬。

法院认为，"旗杆"专利技术方案与被告制作的"旗帜吹飘装置"，二者的根本区别在于专利技术方案在旗杆内有3个气室，而被告的"旗帜吹飘装置"中旗杆内仅有1个气室，1个气室吹飘装置是对3个气室吹飘装置的等同替换，而且单气室吹飘装置的功能效果在一定程度上尚不及3气室吹飘装置，普通技术人员依据3个气室吹飘装置的技术方案，无需经过创造性劳动即可得出1个气室吹飘装置，二者并无实质性区别。但是，专利权利要求书中明确要求保护的只是3个气室的吹飘装置，并不涉及1个气室吹飘装置；更

主要的原因在于1个气室吹飘技术，已在原告专利申请日之前因另一项专利权失效而成为公有技术，专利权的保护范围不应包括1个气室吹飘装置。因此，被告制作的"旗帜吹飘装置"并未落入"旗杆"专利的保护范围。

现有公知技术，在专利侵权案件中，是否可以在法院审理中作为被告的抗辩理由，在司法实践中一直存在争论，本案是一件被告用公知技术抗辩被法院予以肯定的案例，这一案例完善了专利侵权的抗辩理由，有助于公平合理地调节专利权人和公众的合法权益。

经过多年的司法实践及争论，在专利法第三次修改中，终于明确规定："在专利侵权纠纷中，被控侵权人有证据证明其实施的技术或者设计属于现有技术或者现有设计的，不构成侵犯专利权。"

六、在专利权无效案件中首次委托技术鉴定

1998年北京林阳智能技术研究中心诉专利复审委员会"红外传输出租汽车计价器"发明专利权无效案中，法院首次采用委托技术鉴定的方式，解决法院在审理专利无效行政案件中遇到的技术问题。

1992年1月21日，马士俊向中国专利局提出名称为"红外传输出租车计价器"发明专利申请，1994年3月18日被授予专利权。1994年11月24日，北京林阳智能技术研究中心（简称林阳中心）向专利复审委提出宣告该发明专利权无效。

专利复审委于1996年10月4日做出第764号无效宣告请求审查决定书，维持"红外传输出租车计价器"发明专利权继续有效。林阳中心不服，向北京市第一中级人民法院起诉。

北京市第一中级法院经审理，维持专利复审委第764号决定。

林阳中心不服一审判决，向北京市高级人民法院提起上诉，请求撤销一审判决；撤销专利复审委第764号决定；宣告专利权无效。

二审法院审理过程中，林阳中心要求对92100359号专利与现有技术进行技术鉴定。法院委托中华全国专利代理人协会专家委员会（简称专家委员

会）进行了鉴定。专家委员会在鉴定结论中认为：作为对比文件的英国专利1571085号公开了利用计算机通过编码数据管理的出租汽车计价器技术方案。

在技术鉴定的结论支持下，法院最终认为：根据已有公知技术，本领域普通技术人员不经过创造性劳动即可得出涉案专利权利要求所公开的技术方案，因此，该专利不具有专利法意义上的创造性。

对专利权效力的审判不仅涉及到法律问题，而且涉及到技术问题。在专利审判实践中一直存在一个较为突出的矛盾：法官不懂技术，即使具有技术背景的法官，也不可能对各领域技术都懂，但专利案件又大多与技术相关，如何解决这一矛盾实际上成了正确审理专利权案件的关键。在专利审判中，法官不可能对技术问题不做判断就作出判决，且专利案件中涉及到的技术问题越来越复杂，这对于大多数并无技术背景的法官来说，是个极大的挑战。

在民事案件中，法院可以通过委托鉴定的方式解决法官不懂技术的问题，那么在专利权无效行政案件审判中，对此问题是否可以委托鉴定？一种观点认为，专利复审委员会本身就是由技术专家组成的，他们作出的行政决定，法院不应再审理技术问题，可以只审判法律及程序问题。但是，我国的行政诉讼法并没有作出这样的规定，相反，行政诉讼法中明确规定，人民法院审判案件中遇到专业技术的问题可以委托专门机构进行鉴定。然而在多年的司法鉴定实践中，法官习惯性地认为，专利复审委员会是技术权威，他们作出的无效决定在技术上的判定一般是没有问题的。也正因如此，上述案件经二审法院改判后，在专利界引起很大反应。

该案是法院在专利无效行政案件审判中，第一次对技术问题采用技术鉴定的方式，并将鉴定结论作为证据在行政案件中适用。采用技术鉴定的方式来解决法官不懂技术的问题，可谓是司法实践在此问题上所进行的一个尝试和探索。这一案例的积极意义在于：告知社会人民法院对专利行政案件的审理是全面审理，法院对行政决定的监督是全面监督。针对法官不懂技术的问题，不论在民事案件还是行政案件中，均可以通过委托鉴定的方式加以解决，以使司法监督更加公正。

七、在专利权无效诉讼中，根据具体案情探索直接宣告专利权无效

2003年，"深圳大豪兴利家具实业有限公司诉温州市宏福家具制造有限公司、国家知识产权局专利复审委员会外观设计专利无效纠纷案"的判决中，法院直接对专利权的效力作出了判定，这是专利司法审判史上一个开拓性的尝试，也引起了极大争论。

1999年7月29日，大豪兴利家具公司（简称大豪公司）向国家知识产权局申请了名称为"床饰件（成套）"的外观设计专利，于2000年7月19日被公告授权。2001年8月17日，温州宏福家具公司向专利复审委员会提出无效宣告请求，其理由是：本案专利在其申请日之前于1999年5月10日公开销售，丧失新颖性。

专利复审委员会根据请求人提交的证据以及双方当事人的意见陈述，于2002年3月25日做出第4331号无效宣告请求审查决定，维持该专利权有效。

请求人不服，向北京一中院提起行政诉讼，一审法院认为，宏福家具公司提交的证据能够证明宏福家具公司专利产品已于其申请日前公开销售、本案专利丧失新颖性的主张能够成立。于是判决撤销专利复审委员会作出的第4331号无效宣告请求审查决定。第三人大豪公司不服原审判决，提出上诉。

二审法院认为，本案产品的外观设计已于本专利申请日前以销售的方式公开，故丧失了外观设计的新颖性，应当宣告无效。原审判决认定事实清楚，程序合法，但是，在根据现有证据认定本案外观设计专利已丧失新颖性的前提下，判令专利复审委员会重新作出无效宣告请求审查决定，程序上已无必要，于是，二审法院依法予以改判，直接判决"床饰件（成套）"的外观设计专利权无效。

在专利权无效诉讼中，如果认为专利复审委员会做出的无效审查决定明显错误，专利权应维持有效或宣告无效时，人民法院能否直接判决宣告专利权无效或者维持专利权有效？一般认为，专利权无效诉讼既然被定性为行政诉讼，就应当严格遵循行政诉讼的基本原则，人民法院应仅对专利复审委员会具体行政行为的合法性进行审查，一般不对具体行政行为的合理性进行审查。根据目前的法律规定，专利权的效力应由行政机关来判断，属于行政权力的范围，人民法院只是审查专利复审委员会判断专利权效力的具体行政行为的合法性，而不宜在判决中直接宣告专利权无效或维持专利权有效，否则就有干预行政权力之嫌。

依据这种观点，法院只能判决维持或撤销无效审查决定，而不能直接确定专利权有效还是无效，而由专利复审委员会重新作出新的决定，对于这个新的决定，任何一方当事人不服仍可再次起诉，这样，一个专利确权的案件，非常有可能造成循环诉讼，严重影响权利的稳定性，也是对行政资源、诉讼资源的浪费，既不利于对专利权的保护，也不利于保护公众利益。

针对这种情况，北京法院在个别案件审理中，针对具体案情，对专利权效力进行了直接的判定。当然，并不是在任何专利权无效诉讼中，法院都可对专利权的效力进行判断，只有在确有必要对专利权的效力进行判断时，通常是专利复审委员会已经对无效请求的全部事实及理由都进行了审查后作出的无效审查决定，人民法院确有不同看法时，才可以在判决中直接对专利权的效力径行认定。此外，如果无效审查决定仅因为程序违法事由被撤销时，人民法院不宜在判决中对专利权的效力直接进行认定。

探索是有风险的。人民法院在判决中直接认定专利权的效力，这样做某种程度上对专利权的及时稳定是有好处的，对节约行政和司法资源是有利的。但是由于法律依据不足，引起了专利界的广泛关注，最终成为第三次专利法修改中关于专利权无效诉讼性质之争的原因之一。[①]

[①] 2008年6月2日，最高人民法院在一件涉及司法判决直接宣告专利权无效的合法性作出的裁定中认为，根据我国行政诉讼法，针对专利复审委员会作出的行政决定，法院不能直接予以变更，只能判决撤销或者一并要求重新作出决定。在判决主文中直接对涉案专利权的效力作出宣告判决，超出了行政诉讼法及其司法解释有关裁判方式的规定，缺乏充分的法律依据。这一裁定致使北京法院近五年的探索结束，又重新回到行政诉讼法的规定上。

八、对专利技术变劣技术仍可能构成侵权

2002年，北京万特福科技公司诉某医学研究所"颅内血肿粉碎穿刺针"专利侵权案，确立了故意实施变劣技术构成侵犯专利权。

北京万特福科技有限责任公司（简称万特福公司）于1996年3月28日从C医院购买了实用新型专利"颅内血肿粉碎穿刺针"的专利权，该专利的专利号为93244252.8，该专利的权利要求为：

1. 一种颅内血肿粉碎穿刺针，其特征在于：针体为中空管状，后端与一带顶孔螺帽相配合；血肿粉碎器为针管状，前端封闭，靠近端部沿内壁切线方向有一个以上微孔，尾部有一固定片；

2. 根据权利要求1所述的血肿粉碎穿刺针，其特征在于针体有侧管；

3. 根据权利要求1所述的颅内血肿粉碎穿刺针，其特征在于针芯前端为钝圆形并插于针体中；

4. 根据权利要求1所述的颅内血肿粉碎穿刺针，其特征在于血肿粉碎器插于针体中。

2002年2月，万福特公司告发现在C医院工作的徐某、谢某二人向多个单位销售了"微创硬通道颅内穿刺针"，开具发票的单位为某医学研究所。被告销售的产品包括以下四个部件：1. 一个中空管状针体，针体上装有侧管；2. 一个带顶孔螺帽，可与针体的后端相拧合；3. 一个针芯；4. 一个塑料软管。

原告认为被告销售的产品侵犯了其实用新型专利，于2002年向法院提起诉讼。一审法院认为被告产品缺少原告权利要求中与血肿粉碎器相关的技术特征，因此不构成侵权。

二审法院在判决中指出，被告的产品缺少专利技术方案中"血肿粉碎器"这一部件，因此不具有原告专利中与血肿粉碎器相关的技术特征。但是，被告承认其产品在实际使用时，必须同时使用普通注射器，才是一套完整的医疗器械。而使用该产品的用户都是医疗单位，普通注射器可以很容易取得，故被告的产品可以不配置普通注射器。可见，被告的产品省略了血肿

粉碎器这一必要技术特征，但实际上用普通注射器取而代之，被告的产品相对与原告专利技术而言，基本上能够实现原告专利所提出的"通过微创穿刺术来清除颅内固态血肿"这一发明的目的，被告产品"微创硬通道颅内穿刺针"的技术效果，虽然优于"颅内血肿粉碎穿刺针"专利申请以前的已有技术，但是明显低于该专利技术，属于一种故意省略必要技术特征的变劣技术方案。应当适用等同原则，认定被控侵权物侵犯专利权。

一般情况下，缺少必要技术特征不构成侵权，这是专利侵权判定的原则之一。但是本案是一个例外，即侵权人故意使用了变劣技术方案。虽然侵权物中缺少了专利的必要技术特征，仍被法院判定侵权，变劣技术是指故意省略专利权利要求中个别必要技术特征，使其技术方案成为在性能和效果上均不如专利技术方案优越的，但又基本上能够实现专利发明目的的技术。我国相关法律及司法解释中并无涉及变劣技术是否构成侵犯专利权的规定，实践中应当如何把握也不能一概而论。本案涉及的是医疗器械，对人的生命安全至关重要，对于这种特殊产品，如果用变劣的技术代替专利技术，最终用病人的痛苦作为代价，这种对专利技术变劣的技术方案应当判定为侵犯专利权。这表明了法官在运用法律过程中，依据具体案情，不仅考虑法律效果，同时考虑社会效果的审判态度，也是对等同原则适用的一个探索。变劣发明属于等同侵权范畴的一个概念，法院在审理中，对于变劣发明概念的提出及其适用，实际上是对等同原则的进一步深化和完善。

九、关于什么是"重复授权"的争论

2002年北京市高级人民法院终审的"舒学章、专利复审委员会与济宁无压锅炉厂发明专利权无效纠纷"案，在2008年由最高人民法院通过提审作了改判，但是，专利法意义上的"重复授权"究竟应该是指"同样的发明创造不能有两项或者两项以上的处于有效状态的专利权同时存在"，还是说"同样的发明创造只能被授予一次专利权"，则仍然存在较大的争议。

1999年2月22日，舒学章向原中国专利局提出名为"一种高效节能双层

炉排反烧锅炉"的发明专利申请，该申请于1999年10月13日被公告授权，专利号是92106401.2。

2000年12月22日，济宁无压锅炉厂（简称锅炉厂）以该发明专利不符合原专利法实施细则第12条第1款的规定为由，向专利复审委员会提出宣告该专利权无效的请求。锅炉厂提交了专利权人同样为舒学章的同名实用新型专利作为证据。其专利号为91211222.0，申请日为1991年2月7日，颁证日为1992年6月17日，授权公告日为1992年9月30日，终止日为1999年2月8日。

专利复审委员会经审查认为，本案所涉及的第92106401.2号发明专利在授权时，91211222.0号实用新型专利权已经终止，故不存在所述的实用新型专利权和本发明的专利权共同存在的情况。因此作出第3209号无效宣告请求审查决定，认为92106401.2发明专利不属于重复授权，维持原专利权有效。锅炉厂不服，向北京市第一中级人民法院提起诉讼。一中院经审理作出（2001）一中知初字第195号行政判决，维持第3209号决定。锅炉厂仍不服，提起上诉。北京市高级人民法院经审理认为：一项专利一旦权利终止，从终止之日起就进入了公有领域，任何人都可以对该公有技术加以应用。在本案中，舒某在先申请并被授权的实用新型已于1999年2月8日因权利期限届满而终止，该专利技术随即进入公有领域；在后申请的发明专利因与在先的实用新型专利系相同主题的发明创造，故在该发明专利与1999年10月13日被授权公告时，相当于把进入公有领域的技术又赋予了专利权，应当属于重复授权，违反了专利法实施细则中关于同样的发明创造只能被授予一项专利的规定。因此，92106401.2发明专利与91211222.0实用新型专利属于同样的发明创造，该发明专利属于重复授权，于是撤销一审法院的行政判决和复审委员会的审查决定。

北京市高级人民法院行政判决生效之后，复审委员会依据法院判决重新作出第6229号无效宣告请求审查决定，认定92106401.2号发明专利无效。

舒学章不服第6229号无效决定，向一中院提起新一轮的诉讼。一中院认定本案发明专利权的授予属于重复授权，维持复审委员会作出的第6229号无效宣告请求审查决定。舒学章不服,向北京市高级人民法院提出上诉。北京市高级人民法院判决:驳回上诉,维持原判。

2008年7月最高人民法院对北京市高级人民法院2002年作出的终审判决进行再审,最高人民法院认为,92106401.2号发明专利与作为对比文件的91211222.0号实用新型专利并不属于同样的发明创造;专利法意义上的禁止重复授权是指同样的发明创造不能有两项或者两项以上的处于有效状态的专利权同时存在,而不是同样的发明创造只能被授予一次专利权。最高人民法院最终维持北京市第一中级人民法院(2001)一中知初字第195号行政判决和国家知识产权局专利复审委员会第3209号无效宣告请求审查决定。

禁止重复授权是各国专利法奉行的基本原则,我国也不例外。对于申请人为同一人的情况,专利法第9条和专利法实施细则第13条都做出了规定。

专利审查实践中,依据我国审查指南中的有关规定,允许同一申请人就相同的发明创造先后或者同时提出发明或者实用新型专利申请,并且,在其中一个专利申请授权之后,在另一个专利申请也符合授权的条件下,给申请人一次选择机会,如果申请人放弃前一个专利权,后面的专利申请仍可以授权,使得两个专利申请先后都被授权。现实中,许多专利申请人既想获得实用新型的快速授权,又想获得发明专利的较长时间的保护,从而会对同一发明创造同时或者先提出实用新型专利申请并在该技术公开之前又提出发明专利申请。

专利审查机关秉承的"只要两个专利不同时存在,就不存在重复授权"的观点,究竟是否合理合法,是否符合法律禁止重复授权的本意,这个问题在实践中还会不断引起争论,并且该命题也成为了专利法第三次修改的争论内容之一。

当然,如果依据最高人民法院再审判决认定,两个专利根本不属于同样的发明创造,则依据本案引发争论便失去意义。

结束语

从上述案例可以看出,二十多年来,人民法院对专利案件的审判实践时常会走在立法的前头,并对专利保护法律制度及立法本身起到逐步完善的推动作用。不仅北京法院如此,全国其他法院的专利审判工作也同样。例如:沈阳法院审理的两家皮鞋厂涉及的一款皮鞋实用新型专利侵权纠纷案,导致专利法第49条关于专利权无效对在先判决并已执行的裁判文书不具有溯及力的规定的产生;山西法院审理的太原重型机器厂诉某电子系统工程公司和某煤矿电子设备厂"磁镜式直流电弧炉"实用新型专利侵权案,引发了专利界对专利间接侵权行为的讨论,最终带动了各地法院对间接侵犯专利权的实践探索以及立法的争论;江苏法院审理的苏州龙宝公司诉苏州朗力福公司请求确认不侵犯专利权纠纷案,经向最高人民法院请示,得到了最高人民法院的司法批复,明确了当事人在一定条件下可以以"请求确认不侵犯专利权"为案由提起诉讼。

短短的二十多年,中国的专利制度从无到有,取得了令人瞩目的成就,建立起一套行之有效的专利保护体系,应当说,司法审判的实践在其中起了中坚的作用。法院在其审理工作中,不断进行完善和自我总结,创新和探索,在借鉴国外专利司法实务中的成熟经验,在满足我国国情的基础上,建立了一批操作性较强的规则,其中多数规则被证明取得良好的法律效果和社会效果,并通过司法解释等不断上升到立法的层面,推动着中国专利制度的发展。

摘自《纪念改革开放30周年暨中国知识产权发展论坛论文集》
知识产权出版社 2009年6月

切肤之痛——商业秘密侵权泛滥
客户名单——经营秘密保密关键

韩元牧　吴莉娟

祸起萧墙　恶果难当

　　三年内主营产品的销售额从3300万元迅速萎缩到全年订单只有18万美元，折合人民币只有100万元……公司濒临倒闭的边缘，这是浙江临海一家大型外贸型企业的真实写照，而造成这一恶果的原因不是席卷全球的金融危机而是身边暗藏的祸起萧墙。"金融危机没那么严重，就算是金融危机也是可以应对的，真正可怕的是背后一刀，猝不及防。"这是该公司总经理刘国临说起那场危机时心有余悸的感言。该公司一个月内，包括副总经理、销售经理、技术部经理在内的十多名公司员工集体"跳槽"，带走了公司所有的客户名单、客户产品需求信息、客户交易情况汇总、供应商资料、经营信息和客户订单，从此公司经营一蹶不振。

　　《浙商》杂志曾向全国浙商发布的调查问卷结果显示，四成以上企业表示曾经被窃取过商业机密。在司法实践中，由于商业秘密本身是不为公众所知悉的信息，同时技术秘密又涉及到很多专业领域的技术问题，这些都是普通司法、执法人员难以准确把握的，商业秘密认定本身就已经十分困难，在此基础上判断是否构成侵权则更是难上加难，因此，司法和执法的实践中出现了举证难、认定难、判决难、执行难等几大难题，而与此同时，商业秘密的泄露往往又会对企业的生产经营造成致命的影响。侵权泛滥、保护困难、侵权恶果影响巨大造成商业秘密侵权问题成为了企业的切肤之痛。

经营秘密 不容小觑

在我国，法院一般在考虑商业秘密问题时，通常依据《反不正当竞争法》第十条第三款的有关规定，即认为商业秘密是指不为公众所知悉、能为权利人带来经济利益、具有实用性并经权利人采取保密措施的技术信息和经营信息。在司法实践中，技术信息与经营信息是商业秘密纠纷的两方面主要内容。所谓技术信息是指有关产品设计、制造方面的工艺和技术，包括产品配方、样式、方法等。如中医药行业中广泛存在的"祖传秘方"就属于商业秘密范畴的技术信息。技术信息也被称为技术秘密，通常情况下是凭借生产经验和实践技能所产生的；所谓经营信息通常是指与企业的经营管理方法和销售策略相关的资料、情报，包括客户名单、货源情报、产销策略、经营贸易额、招投标中的标底和投标书，此外，涉及企业人事、财务、投资等方面的信息如企业的投资计划、市场调查资料和产品规划、特定员工的薪金奖酬等，都属于经营信息，经营信息也被称为经营秘密。

笔者对近年来30起侵犯商业秘密案件的抽样调查结果显示，其中，侵犯技术秘密案件约占57%，侵犯经营秘密案件占30%，同时侵犯技术秘密与经营秘密案件约占13%。从数量上来看，与传统概念中商业秘密强调保护技术秘密相比，侵犯经营信息商业秘密案件已经占有相当大的比重。从行业划分来看，医药化工、网络等技术型企业与大量的外贸型企业是商业秘密被侵犯的"重灾区"。相应的，"核心技术"与"客户信息"成为侵犯商业秘密纠纷及商业秘密犯罪的重点。调查显示，"核心技术、战略部署、隐私数据以及客户信息"是企业最为看重的四大商业秘密。

在企业商业秘密保护中，区别于对技术秘密的重视，企业往往忽视了对经营信息特别是其中客户信息、客户名单的保护，而在司法实践中对经营秘密的界定也较为混乱。特别是对于我国沿海产业带出口导向型大型加工企业来说，企业产品科技含量相对较低，产品结构相对稳定，可复制性程度高。对于此类企业来说，生产经营成功的关键就在于对客户名单的掌握以及对客户产品需求信息的积累和对客户交易情况的汇总，这些是企业赖以生存的根本，一旦泄密被其他企业掌握，将会给企业造成难以弥补的损失，轻则伤筋动骨几年难以恢复，重则倒闭破产，几年乃至十几年的积累毁于一旦。因此，如何界定并保护好经营秘密尤其是客户信息资源是企业应高度重视的问题。

名单保密　防患未然

经营秘密中的客户名单，一般是指客户的名称、地址、联系方式以及交易的习惯、意向、内容等构成的区别于相关公知信息的特殊客户信息，包括汇集众多客户的客户名册，以及保持长期稳定交易关系的特定客户。客户名单是经营秘密中的一个重要种类，侵犯经营秘密的案件也多是侵犯客户名单的案件。在司法实践中，对客户名单是否构成商业秘密的认定却尤为复杂，该问题已经成为是侵犯经营秘密案件的最大难点。通过对笔者抽样选取的30件侵犯商业秘密案件的分析，涉及到侵犯经营秘密类案件均与客户名单直接相关。在此类案件中，如果客户名单能够被法院认定为商业秘密，则权利人一方的主张往往会得到法院的支持，反之，则权利人一方的诉讼请求往往会被判决驳回。因此，认定客户名单构成商业秘密成为权利人得到法律保护的关键。由于作为客户名单的经营秘密本身具有价值性及不为公众知悉性，企业往往在举证时不愿意轻易将之作为证据提交给法院，同时，客户名单的部分信息往往从公开的渠道中也能够获得，这都加大了客户名单经营秘密识别的难度。上述抽样调查中的案例显示，在侵犯客户名单的案件中，法院将客户名单认定为商业秘密的案件不足三分之一也正说明了这一点。在大部分没有被认定的案件中，未采取有效的保密措施及可从公开渠道获知是造成客户名单不能被认定的主要原因。

认定客户名单是否构成商业秘密，除依据商业秘密的一般构成要件外，主要根据该客户名单是否是特有的，或者是否具有特殊性，而该特有的或特殊的客户名单又必须是权利人通过花费劳动、金钱和努力等所得来的。这种标准比较容易将构成商业秘密的客户名单与其他竞争者均可以获得的普通客户名单区别开来。

具体来说，可从以下几个方面综合确认客户名单的商业秘密性。

第一，开发客户名单所耗费的时间、人力、物力、财力，及开拓市场销售渠道形成的智力成果。一般而言，商业秘密中的客户名单不能是简单的客户名称，而通常必须有名称以外的深度信息，权利人往往会为此耗费大量的时间、人力、财力，也就是说虽然客户名单的一些信息是来源于公共领域，但权利人对公共信息进行了投资与投入，因此，法律对客户名单的保护实质上也是对权利人劳动成果的一种保护。

第二，他人正当获取客户名单的难易程度。商业秘密应当是不易通过正当手段或途径取得的信息，易于获取的信息是不允许任何人独占使用的。权利人并不需要证明该商业秘密中的每一个组成部分都不可能从其他渠道获得，只要有些信息并非人所皆知、他人不可能从公开渠道轻易获取即可。同时，结合权利人为此花费的努力，此类名单应不属于公共领域中的一般客户资料，不是所有竞争者都面对的一般性的客户名单，而应当具有特定性。单纯的客户名称组合不构成商业秘密，例如，某一区域内，原告与几十家酒店建立了酒水供应业务，被告进入该市场，从企业名录等公开渠道很容易了解到酒店分布情况，通过市场开发与原告进行市场竞争，原告以侵犯商业秘密为由诉至法院，但没有得到法院支持。因为该客户信息不是原告特有的，可以从公开渠道获得，属于公知信息。反之，如果这些客户信息是原告花费一定的时间和人力物力的投入，通过宣传、推荐、接触、联络、回扣等建立起持续稳定的业务关系的客户，包括客户名称、地址、联系方式以及交易的习惯、意向、内容等构成的区别于相关公知信息的特殊客户信息才会构成企业的经营秘密。

此外，对于一些侵权手段极为特殊的案件，作案手段的特殊性与高难度足以表明权利人的客户名单具有不易取得、有经济价值等特性，从而使其客户名单的商业秘密属性不言自明。

第三，权利人采取保密措施的程度。最高人民法院《关于审理不正当竞争民事案件应用法律若干问题的解释》第十二条规定了认定权利人采取保密措施的几种形式，诸如限定涉密信息的知悉范围，只对必须知悉的相关人员告知其内容；对于涉密信息载体采取加锁等防范措施；在涉密信息的载体上标有保密标志；对于涉密信息采用密码或者代码等；签订保密协议等等，但是对于商业秘密的秘密性要求是相对的，而非绝对，且要个案而论。只要权利人尽合理的努力保持其秘密性即采取合理的保密措施，并防止外界知悉，就足以构成法律所要求的秘密性。法律并不要求保密措施必须是万无一失，只要权利人采取的保密措施能为他人识别即可。

总之，经营秘密的保护对于企业的经营发展来说日益重要，而对客户名单的保护则更是重中之重。企业要保护自身的商业秘密不受侵犯，加强企业自身的保护是关键。在实际生活中，企业应当强化自己的保密措施，加强对商业秘密的管理。其中最重要的工作是能够建章立制，建立一整套商业秘密的保护制度。而制度建立的前提是企业的高层管理者对商业秘密保护认识的提高，只有从思想上真正认识到商业秘密保护问题对企业经营管理的重要性才能够将各项制度落到实处。从国内企业的实际情况来看，大多数重视商业秘密保护的企业往往是吃一堑后才长一智，更多企业则对其抱着不以为然的态度。痛定思痛，前车之鉴、后事之师，希望尚未对商业秘密保护引起重视的企业能够慎之，思之。

摘自作者新浪博客

我国历史上首例小说盗版案催生《大清著作权律》

陈大康

在小说史上，第一个留下反盗版文字材料的竟是位书坊主。万历三十多年时，福建建阳的三台馆出版了《八仙出处东游记》，书首三台馆主余象斗的"引"：

> 不佞斗自刊《华光传》等传，皆出予心胸之编集，其劳鞅掌矣！其费弘巨矣！乃多为射利者刊，甚诸传照本堂样式，践人辙迹而逐人尘后也。今本坊亦有自立者，固多，而亦有逐利之无耻，与异方之浪棍，迁徙之逃奴，专欲翻人已成之刻者。袭人唾余，得无垂首而汗颜，无耻之甚乎！

《华光传》即《五显灵官大帝华光天王传》，又称《南游记》，余象斗是作者兼刊刻者。那时常见书坊主写小说，因为《三国演义》与《水浒传》在嘉靖朝刊行后，通俗小说受到大众热烈欢迎，文人此时却不屑于创作。书坊主眼见开辟了新财源却无作品可印，便或自撰，或雇下层文人编写。《南游记》写得很拙劣，但身为书坊主的余象斗已感到"其劳鞅掌矣"！大概由于写得太辛苦却遭盗版，对此又无可奈何，他实在气不过，便破口大骂："袭人唾余，得无垂首而汗颜，无耻之甚乎！"不过，当时盗版是寻常事，余象斗自己也经常翻刻别人的书籍。

清初的李渔也同样为被盗版而气恼。这位通俗畅销书作家以"一夫不笑是吾忧"为宗旨，创作的《连城璧》《十二楼》等书销路奇好，翻刻本编接踵而出。李渔为维护自己的权益竭尽全力，还曾请官府出面禁止，可是最终仍只是徒唤奈何。他在给友人信中透露了自己为反盗版在苏杭间来回奔波，精疲力竭：

弟之移家秣陵也，只因拙刻作祟，翻版者多。故违安土重迁之戒，以作移民就食之图。不意新刻甫出，吴门贪贾即萌觊觎之心，幸弟风闻最早，力恳苏松道孙公出示禁止，始寝其谋。乃吴门之议才熄，而家报倏至，谓杭人翻刻已竣，指日有新书出贸矣。（《与赵声伯文学》）

后来李渔干脆在南京开了家书坊，芥子园印书以精美取胜，但这只是被动的防别人翻刻之法。

晚清时小说出版繁盛，盗版也日趋猖獗，被盗者只能借登报宣泄胸中恶气。广百宋斋被盗版后在报上责骂"今有奸商，钻营求利，刻薄居心"，提醒读者盗版书"字迹糊涂，纸墨恶劣，图像不清"，并警告说，"俟访确翻印奸商名号，再当送县究办"（光绪十八年三月二十四日《申报》）。但盗版者根本不怕。江南书局在上海代销香港中华印务总局的《中东大战演义》，但书很快被盗版，而且还在报上大做广告，江南书局唯一的对策，只是登报嘲笑："想该号贪利如此，竟不要做下次生意。哈哈！"（光绪二十六年三月二十一日《新闻报》）那时的盗版者还很理直气壮。味闲庐盗印点石斋刊的《淞隐漫录》，后者登报发离骚："我则劳而无获，彼则安享厥成，言利则诚有得矣，揆之于理，窃未安也。"最后只能赌气地说，我印的那几千本全卖给你，如何？作者王韬也登报谴责，可是味闲庐主竟登报作答："文章为天下之公器，而大著尤中外所钦佩"，仿佛倒是王韬小家子气（光绪十三年七月初六日《申报》）。

历史上第一个成功地维护了自己权益，并使盗版者受到惩罚的是晚清小说家李伯元。当时《官场现形记》由世界繁华报馆分编陆续出版，初、二编甫出，已风行海内，也引来了盗版者。光绪三十年七月二十三日（1904年9月2日），《时报》《新闻报》同时刊登小说三编出版的广告，李伯元特地加入"禀准捕房查办翻刻各书庄，幸勿误收被累"一句以示警告。从当日直至十月初六日，这则广告在《时报》头版竟反复刊登了26次，同时李伯元查清了盗版者并开始了诉讼。光绪三十年十月初二的《新闻报》刊登的《官场现行记》初、二、三编销售广告末写道："书经存案，翻刻必究，前有日商朝日洋行出售洋装翻刻本，蒙日本领事谕令停卖，并函请会审，分府黄司马将托销之席粹甫传案严讯，并此附闻。"其后又附介绍云：翻刻本已被责令停售，日本领事已函请会审此案，传盗版书销售商席粹甫到租界会审公廨受审。内容相似的广告还反复地刊登于《时报》与《中外日报》。可是十月九日与十五日的《中外日报》上刊登了盗版者即知新社主人弼本氏的广告，声称他们刊印的《官场现形记》"墨色精良，纸质坚厚，印制清楚，装订精致"，欲批发者"与本社经理人席粹甫接洽可也"；而翻刻的《官场现形记》竟还标作者是"吉田太郎"，李伯元实在是忍无可忍。

官司很快有了结果，十月十六日，《新闻报》《时报》《中外日报》的头版同时刊登了李伯元所拟的"世界繁华报馆特别告白"：

> 翻印《官场现形记》者看，看，看！
> 出售翻刻《官场现形记》之席粹甫前因抗传不到，经公堂出票拘提，昨日解讯奉，会审宪判席粹甫先枷三天。特此布告，各书坊宝号幸勿误售受累是盼。

告白以大号黑体字刊出，其显眼醒目正表露了李伯元的兴奋心情。这场官司算是赢了，枷号三日也是不小的处罚。可是，诉讼及其结果却很有值得玩味之处：知新社在诉讼期间何以敢照登销售广告？席粹甫又怎敢"抗传不到"？为何受处罚的只是"经理人席粹甫"，身为法人的日人"知新社主人弼本氏"却是毫发不伤？这场官司其实赢得有点窝囊。

不过，李伯元的胜诉毕竟给盗版者一定的威慑力，此后各书局与报馆也颇注意版权的维护。如商务印书馆出版各书"均经具禀商部暨京师学务处立案"，并在报上刊登商部"此种书籍，洵于政界、学界良多裨益，自应准予立案，禁止翻印"的批复（光绪三十二年三月二十七日《新闻报》）。其时《月月小说》《小说林》等各种小说刊物杂志都声明对所载作品享有版权，并已在官府备案。《小说林》发现有报馆擅自转载其作品，便刊载"特别广告"警告："如有不顾体面，再行转载者，定行送官，照章罚办，毋得自取其辱"（光绪三十三年三月《小说林》第三期）。更值得一提的是彪蒙书室还刊登了"严查翻版书赏格"，称"倘有人通风报信并搜得确实证据，因而人赃并获者，酬谢洋一百元"（光绪三十三年三月十四日《时报》）。可见，盗版此时已成了偷偷摸摸的行为，与李伯元官司前那种嚣张气焰相比，已不可同日而语。最后，出版界反盗版的不懈努力与强烈呼吁，终于在清亡前夕催生了《大清著作权律》，这也是中国的第一部著作权法。

摘自《文汇报》2009年10月10日

大清著作权律（清）

《大清著作权律》（Copyright Law of Qing Dynasty），中国清代宣统二年（1910年）制定的关于保障著作者权利的专门法律。20世纪初，清政府预备立宪，并委任沈家本、伍廷芳为修订法律大臣，引进资产阶级的法律体系与原则，制订了一系列的专门法律，《大清著作权律》便是其中之一。《大清著作权律》分为"通例、权利期限、呈报义务、权利限制、附则"5章，共55条。对于版权的概念、作品的范围、作者的权利、取得版权的程序、版权的期限和版权的限制等问题，均作了相应的规定。

该法规定："凡称著作物而专有重制之利益者，曰著作权。称著作物者，文艺、图画、帖本、照片、雕刻、模型等是。"

显然，当时所称的著作权（版权）主要指出版权和复制权，而著作物（作品）的范围，则不仅包括书面作品，而且包括雕刻、模型等立体作品，该法确认版权为作者的专有权利，并通过禁止某些行为（即"禁例"）予以保障。

此类"禁例"有6条：

1. 凡经呈报注册取得版权的作品，其他人不得翻印复制，及用各种假冒方法进行剽窃；
2. 接受作者的作品出版或复制，不得割裂、窜改原作，不得变匿作者姓名或更改作品名称发行该作品；

3. 对于版权保护期满的作品，亦不得加以割裂、窜改，或变匿作者姓名或更改作品名称发行；

4. 不得使用他人姓名出版发行自己的作品；

5. 不得擅自编写他人编著教材的习题解答；

6. 未发表的作品，未经版权所有者同意，他人不得强行取来抵偿债务。

作者的专有权利，不是作品完成后自行产生，而必须履行呈报注册手续，经民政部批准后发给执照，方能取得。此外，转让和继承版权，亦应履行上述呈报手续。

关于版权的保护期限和继承问题，该法规定：

1. 版权归作者终身享有，作者死亡，其继承人可继续享受三十年。
2. 作者死后首次发表的作品，继承人可享有该作品版权三十年。
3. 凡以学校、公司、会所等法人团体的名义发表的作品，版权保护期为三十年；照片的版权保护期为十年。

上述保护期限，均从民政部注册发执照之日起计算。对于不视为侵犯版权行为的"合理使用"，该法规定，注明原著出版的下列行为"不以假冒论"：

"一、节选众人著作成书，以供普通教科书及参考之用者；二、节录引用他人著作，以供己之著作考证注释者；三、仿他人图画以为雕刻模型，或仿他人雕刻模型以为图画者。"

该法对合作作品、委托作品、口头作品、翻译作品的版权归属与继承也作了特殊规定：合作作品的版权归合作者共有，作者死后，各个继承人可继承三十年；出资聘人创作的作品，其版权归出资者；讲学或演说，虽然由其他人记录，其版权归讲演者所有。但讲演者同意授予记录者除外；外文作品译成中文,译作版权归译者所有,但不能禁止他人翻译同一外文原作。

该法还规定,凡经民政部注册发给执照享有版权的作品,如果受到侵犯,版权所有者可诉诸法律,向"审判衙门呈诉。对侵权者除罚款外,还可责令赔偿作者损失,没收印本刻版制作假冒作品的器具"。

1911年中华民国建立,鉴于《大清著作权律》"尚无与民国国体抵触之规定",大总统于民国元年(1911年)3月命令通告"暂行援用",直到1915年。该法是中国历史上第一部版权法,为北洋政府1915年和国民党政府1928年制定版权法起了一定的示范作用,对中国今天实行版权立法也有一定的参考价值。

附录:

《大清著作权律》

颁布日期:1910年1月1日

实施日期:1910年1月1日

通例

第一条 凡称著作物而专有重制之利益者,曰著作权。称著作物者,文艺、图划、帖本、照片、雕刻、模型皆是。

第二条 凡著作物归民政部注册给照。

第三条 凡以著作物呈请注册者,应由著作者备样本二分,呈送民政部;其在外省者,则呈送该管辖衙门,随时申送民政部。

第四条 著作物经注册给照者,受本律保护。

第二章 权利期限

第一节 年限

第五条 著作权归著作者终身有之；又著作者身故，得由其承继人继续至三十年。

第六条 数人共同之著作，其著作权归数人共同终身有之，又死后得由各承继人继续至三十年。

第七条 著作者身故后，承继人将其遗著发行者，著作权得专有至三十年。

第八条 凡以官署、学堂、公司、局所、寺院、会所出名发表之著作，其著作权得专有至三十年。

第九条 凡不着姓名之著作，其著作权得专有至三十年；但当改正真实姓名时，即适用第五条规定。

第十条 照片之著作权，得专有至十年；但专为文书中附属者不在此限。

第二节 计算

第十一条 凡著作权均以注册日起算年限。

第十二条 编号逐次发行之著作，应从注册后，每号每册呈报日起算年限。

第十三条 著作分数次发行者，以注册后末次呈报日起算年限。其呈报后经过二年尚未接续呈报，即以既发行者为末次呈报。

第十四条 第五条规定，以承继人呈请立案批准之日起算年限。

第十五条 第六条规定，以数人中最后死者之承继人呈请立案之日起算年限。

第三章 呈报义务

第十六条 凡以著作物呈请注册者，呈报时应用本人姓名；其以不著姓名之著作呈报时，亦应记出本身真实姓名。

第十七条　凡以学堂、公司、局所、寺院、会所出名发行之著作，应用该学堂等名称，附以代表人姓名呈报；其以官署名义发行者，除第三十一条第一款规定外，应由该官署于未发行前咨报民政部。

第十八条　凡拟发行无主著作者，应将缘由预先登载官报及各端口著名之报，限以一年内无出而承认者，准呈报发行。

第十九条　编号逐次发行之著作，或分数次发行之著作；均应于首次呈报时预为声明；以后每次发行，仍应呈报。

第二十条　第五条至第七条规定，其承继人当继续著作权时，应赴该管衙门呈报。

第二十一条　将著作权转售抵押者，原主与接受之人，应连名到该管衙门呈报。

第二十二条　在著作权期限内，将原著作重制而加以修正者，应赴该管衙门呈报，并送样本二分。

第二十三条　凡已呈报注册者，应将呈报及注册两项年月日，载于该著作之末幅；但两项尚未完备而即发行者，应将其已行之项载于末幅。

第四章 权利限制

第一节 权限

第二十四条　数人合成之著作，其中如有一人不愿发行者，应视所著之体裁，如可分别，则将所著之一部分提开，听其自主；如不能分别，应由余人酬以应得之利，其著作权归余人公有，但其人不愿于著作内列名者，应听其便。

第二十五条　搜集他人著作编成一种著作者，其编成部分之著作权，归编者有之；但出于剽窃割裂者，不在此限。

第二十六条　出资聘人所成之著作，其著作权归出资者有之。

第二十七条　讲义及演说，虽经他人笔述，其著作权仍归讲演者有之，但经讲演人之允许者，不在此限。

第二十八条　从外国著作译出华文者，其著作权归译者有之；惟不得禁止他人就原文另译华文，其译文无甚异同者，不在此限。

第二十九条　就他人著作阐发新理，足以视为新著作者，其著作权归阐发新理者有之。

第三十条　凡已注册之著作权遇有侵损时，准有著作权者向该管审判衙门呈诉。

第三十一条　凡著作不能得著作权者如下：

一、法令约章及文书案牍；

二、各种善会宣讲之劝诫文；

三、各种报纸记载政治及时事上之论说新闻；

四、公会之演说。

第三十二条　凡著作视为公共之利益者如下：

一、著作权年限已满者；

二、著作者身故后别无承继人者；

三、著作久经通行者；

四、愿将著作任人翻印者。

第二节　禁例

第三十三条　凡既经呈报注册给照之著作，他人不得翻印仿制，及用各种假冒方法，以侵损其著作权。

第三十四条　接受他人著作时，不得就原著加以割裂、改窜及变匿姓名或更换名目发行，但经原主允许者，不在此限。

第三十五条　对于他人著作权期限已满之著作，不得加以割裂、改窜及变匿姓名或更换名目发行。

第三十六条　不得假托他人姓名发行己之著作；但用别号者不在此限。

第三十七条　不得将教科书中设问之题擅作答词发行。

第三十八条　未发行之著作，非经原主允许，他人不得强取抵债。

第三十九条 下列各项，不以假冒论，但须注明原著之出处：

一、节选众人著作成书，以供普通教科书及参考之用者；

二、节录引用他人著作，以供己之著作考证注释者；

三、仿他人图划以为雕刻模型，或仿他人雕刻模型以为图划者。

第三节 罚则

第四十条 凡假冒他人之著作，科以四十元以上四百元以下之罚金；知情代为出售者，罚与假冒同。

第四十一条 因假冒而侵损他人之著作权时，除照前条科罚外，应将被损者所失之利益，责令假冒者赔偿，且将印本刻版及专供假冒使用之器具，没收入官。

第四十二条 违背三十四条及三十六条规定者，科以二十元以上二百元以下之罚金。

第四十三条 违背三十五条、三十七条之规定，及三十九条第一款、第二款之规定者，科以十元以上一百元以下之罚金。

第四十四条 凡侵损著作权之案，须被侵害者之呈诉始行准理。

第四十五条 数人合成之著作，其著作权遇有侵损时，不必俟余人同意，得以径自呈诉，及请求赔偿一己所失之利益。

第四十六条 侵损著作权之案，不论为民事诉讼或刑事诉讼，原告呈诉时，应出具切结存案，承审官据原告所呈情节，可先将涉于假冒之著作，暂行停止发行；若审明所控不实，应将禁止发行时所受损失，责令原告赔偿。

第四十七条 侵损著作权之案，如审明并非有心假冒，应将被告所已得之利，偿还原告，免其科罚。

第四十八条 未经呈报注册，而著作末幅假填呈报注册年月日者，科以三十元以上三百元以下之罚金。

第四十九条 呈报不实者，及重制时加以修正而不呈报立案者，查明后将著作权撤销。

第五十条　凡犯已本律第四十条以下各条之罪者，其呈诉告发期限以二年为断。

第五章　附则

第五十一条　本律自颁布文到日起算，满三个月施行。

第五十二条　自本律施行前，所有著作经地方官给示保护者，应自本律施行日起算，六个月内呈报注册；逾期不报或竟不呈报者，即不得受本律保护。

第五十三条　本律施行前三十年内已发行之著作，自本律施行后，均可呈报注册。

第五十四条　本律施行前已发行之著作，业经有人翻印仿制，而当时并未指控为假冒者，自本律施行后，并经原著作者呈请注册，其翻印仿制之件，限以本律施行日起算，三年内仍准发行，过此即应禁止。

第五十五条　注册应纳公费，每件银数如下：

一、注册费银五元；

二、呈请继续费银五元；

三、呈请接受费银五元；

四、遗失补领执照费银三元；

五、将著作权凭据存案费银一元；

六、到该管官署查阅著作权案件费银五角；

七、到该管官署抄录著作权案件费银五角，过百字者每百字递加银一角；

八、将著作权凭据案件盖印费银五角。

《百年孤独》的版权纠结

全海龙

二十七岁的"私生子"

最近网上炒得最火的一本书,叫做《百年孤独》。

其实,这是一本老书了,自1967年被哥伦比亚作家加西亚·马尔克斯写就,至今已四十四年,在中国出版发行也已有二十七个年头了。老书之所以又再次走上舆论的风口浪尖,只因"版权"二字。

1967年5月30日,《百年孤独》率先在阿根廷正式出版,当年,法国、意大利、美国、德国获得《百年孤独》的版权。在随后的三年时间里,英国、日本等16个国家也相继取得了版权。

中国直到2010年2月12日才正式取得了《百年孤独》的版权。也就是说,在此之前已经滋养了众多中国文学名士的《百年孤独》中译本都是盗版。这部名著自1982年出现中译本以来,通过各种方式出版的各种版本不计其数,但无一例外,它们都只有一个尴尬的身份:"私生子"。终于在2010年,中国拿到了《百年孤独》正式的版权,用流行电影《关云长》里的台词说,"户口办下来了"。

"私生子"出生于1982年12月,当时国内的《世界文学》第六期率先发表该书六章。到1984年9、10月份,国内先后出现了《百年孤独》的两个译本,一个是北京十月文艺出版社出版的由高长荣参照英、俄译本的转译本,另一个是上海译文出版社出版的由黄锦炎、沈国正、陈泉等据西班牙语版翻译的译本。不过，这两个版本并不是全译本，在性描写上作了较大删节。

1990年，《百年孤独》之父加西亚·马尔克斯与其代理人卡门·巴尔塞伊丝女士访问中国。大陆书店随处可见各出版社擅自出版的《百年孤独》《霍乱时期的爱情》等书，给作家留下了非常糟糕的印象。由是，作家愤怒了，说"有生之年不会将自己作品的任何版权授予中国的任何一家出版社……发誓死后一百五十年都不授权中国出版我的作品，尤其是《百年孤独》"。

让人尴尬的是，这些言行并没能杜绝盗版《百年孤独》在中国的发行，仅仅在马尔克斯说完这番话后的第三年，云南人民出版社出版了《百年孤独》全本未删减版。

如果以1992年中国正式成为《保护文学艺术作品伯尔尼公约》成员国作为分水岭，那么此前的中文版《百年孤独》，无论质量如何，最多都只能算是不知者不为罪的"未获授权版"；而在1992年之后出版的版本，如云南人民出版社出版的吴健恒译本，不管翻译得如何精妙，都是"明知故犯"，冠盗版之名，坐盗版之实。

之后的各种盗版更是层出不穷。2000年，台海出版社宋鸿远译本出版；2001年，远方出版社以及内蒙古大学出版社译本出版；2003年，西苑出版社潘立民译本出版；2004年，人民日报出版社仝彦芳等译本出版；2004年，吉林大学出版社译本出版；2005年，中国戏剧社李文军译本出版；2006年，漓江出版社出版内含《百年孤独》的《加西亚·马尔克斯作品集》……

100万美元的正版授权

1992年后，随着中国出版界的版权意识逐渐增强，据不完全统计，近二十年间曾有100多家中国出版机构向马尔克斯本人、其代理人卡门女士、哥伦比亚驻华使馆，甚至墨西哥驻华使馆（因为马尔克斯旅居墨西哥多年）提出版权申请，但都未得到任何回复。

鉴于之前的惨痛经历，对马尔克斯和卡门来说，向中国的出版社正式授权一直是非常慎重的。直到2008年，北京时代新经典文化发展有限责任公司总编辑陈明俊给马尔克斯写了一封情真意切的信，这才打动了他，表示"可以接洽商谈相关事宜"。2008年，卡门专门委派工作人员到北京、上海、南京等地对中国图书市场、出版机构，进行了长达两个月之久的考察。2009年，卡门再次委派工作人员来京与新经典的版权团队、负责马尔克斯项目的编辑团队、行销团队进行洽谈。

2010年中国农历春节前夕，新经典收到了卡门发来的授权通知，马尔克斯愿意将《百年孤独》交给该公司推出中文版，但条件十分苛刻，马尔克斯坚持要获得授权的出版社为过去二十七年间的所有未经授权出版事件"埋单"，据传费用高达100万美元，且新经典在获得中文版权的同时，需要完成"对未经权利人授权擅自出版马尔克斯作品的出版机构进行打击"的附带要求。作家莫言因此感慨："我个人所有书卖几十种版权，出版上百个版本，加起来都没有陈明俊这个花的钱多。所以我觉得他已经替中国过去没有加入国际版权组织之前的出版承担了历史责任，很值得钦佩，非常了不起。"

2011年5月30日，由新经典推出的《百年孤独》全译本在北京大学百年讲堂正式首发。

百年孤独，尘埃落定。

一百零一岁的版权立法

《百年孤独》版权事件的解决，得益于新中国的版权立法，然而，鲜为人知的是，早在20世纪初，中国就有了当时紧追世界潮流的版权立法。

清末，文人的经济观念日渐增强，已经由早期的耻于言利发展到主动卖稿取酬，进而发展到有意识地保护自己的版权。最早将版权之说引入中国的当属严复。1900年，南洋公学以2000两白银买下《原富》书稿，译者严复参照西方版权原则提出自己的分利比例，为该书售价的十分之二，期限二十年。1903年，严复为在国内推行版权维护，上书清管学大臣张百熙，详细论证了立法维护版权的利益所在。他的这篇上书，可视为20世纪初中国出版事业新高潮初起之时，译者向官方要求版权保护的宣言书。

自1905年开始，清政府委任沈家本、伍廷芳为修订法律大臣，引进国外法律体系与原则，陆续制订了一系列的专门法律，中国首部关于保障著作权的专门法律《大清著作权律》就是在这样的时代背景下于1910问世的。《大清著作权律》以《保护文学艺术作品伯尔尼公约》为蓝本，参照了当时各国的现行法律，共分"通例、权利期限、呈报义务、权利限制、附则"5章，共55条，对于版权的概念、作品的范围、作者的权利、取得版权的程序、版权的期限和版权的限制等问题，均作了相应的规定。它不仅是中国的第一部版权法，也为以后版权法的制定奠定了基础。1911年中华民国建立，鉴于《大清著作权律》"尚无与民国国体抵触之规定"，大总统命令通告"暂行援用"。1915年中华民国颁布首部版权法《著作权法》，共45条，除了个别条文略有增删合并外，基本依照了《大清著作权律》。

中国涉外版权纠纷在《大清著作权律》颁布之前早已有之，最早的纠纷始见于1896年。1894年，英美传教士设在上海的"同文书会"改名为"广学会"。自1896年起，"广学会"不断按照国际保护版权的规定，向中国官方提出保护其出版物版权的要求，禀请"广学会"所在地的行政长官上海道台受理。1896年底，上海道台应《时务报》的要求，发表了一则保护出版物的告示，大致内容为：版权在外国是通行的规则，中国官方也当援例而行，对提出申请者，无论外国人、中国人一视同仁，实行保护。在《大清著作权律》颁布之前，这种地方官的行政命令是中国版权保护的主要形式，主要施行于上海等通商口岸地区。

新中国成立后，党的十一届三中全会以来，整个知识界创作的积极性空前提高，加之国际交往的日益扩大，在对外贸易谈判中涉及知识产权保护、版权保护的问题越来越突出，这些都要求国家制定版权法。1979年4月原国家出版局向国务院呈送了版权立法申请报告。据原国家版权局副局长沈仁干回忆："这个报告送到国务院以后，国务院副总理耿飚同志就提出来，这件事件要请胡耀邦同志批示。耀邦同志很爽快，马上批示'同意报告'。要立即着手组织班子，起草版权法。"一批知识产权专家随即组成了版权研究小组，版权法的立法工作正式启动。1990年9月7日，历时十一年制定的中国第一部著作权法终于诞生了。两年后，中国正式加入《保护文学艺术作品伯尔尼公约》。

3万元一本的小人书

《百年孤独》最终也没有走上法庭，与盗版商家对簿公堂，这无论对于官方盗版商还是民间盗版商来说都是件可以庆幸的事。但一向奉行权利至上的美国人就没那么好欺负了，北京出版社不经许可侵权出版了迪士尼公司的9本画册，结果被美国公司告上我国法庭，支付了25万余元的赔偿。这一案件发生在1994年，是我国加入《保护文学艺术作品伯尔尼公约》后涉外版权诉讼第一案。

当时，这桩诉讼案对不甚了解中国司法制度的美国人来说，带有投石问路的意味。迪士尼公司负责知识产权方面事务的副总裁克莱尔鲁宾逊女士说："我们这样做是要创造一个先例，如果我们输了，这将成为进一步申诉的基础；如果我们赢了，它将成为进一步成功的先例。"

1994年1月27日，迪士尼公司委托北京市北斗律师事务所向北京市中级法院递交了一份起诉状，控告北京少年儿童出版社、北京出版社、新华书店北京发行所三被告出版、发行、销售的9本画册使用了包括米老鼠、灰姑娘、彼得·潘、白雪公主等世界著名卡通人物形象。起诉状称，所有这些卡通人物都是由美国迪士尼公司创作的艺术作品，都曾经在美国做过著作权登记。迪士尼公司从来没有授权任何一家被告出版、销售含有其卡通人物形象的画册。

一场引起海内外舆论和中美两国政府高级官员关注的国际版权纠纷案，就这样拉开了序幕。

其实北京出版社很冤枉：迪士尼公司曾经许可马克斯韦尔公司在中国出

版发行含有迪士尼公司的卡通形象的画册，但并未授权马克斯韦尔公司将该作品的出版权和发行权转让他人。而马克斯韦尔公司在其最后销售期限即将届满之时将迪士尼公司的作品的出版权和发行权转让给北京出版社所属的少儿出版社，所签合同在法律上实属无效合同。

1994年8月，北京市第一中级法院经过对本案审理后认为：美国国民的作品自1992年3月17日起，受中国法律的保护。迪士尼公司对本案所涉及的卡通形象米奇老鼠、灰姑娘等美术作品享有版权，北京出版社未经该公司授权，对上述卡通形象的商业性使用属于侵权行为。法院最终判定北京出版社和新华书店总店北京发行所立即停止出版、发行侵权作品，并向迪士尼公司公开赔礼道歉，一次性支付案件受理费27549.85元及赔偿费人民币227094.14元。算下来，北京出版社为侵权的9本画册支付了每本近3万元的"学习费"。

对于此案的判决，许多国家的新闻媒介都给予积极的评价，认为其结果表明中国政府对知识产权的保护是认真负责的。美国《纽约时报》称，此案的审结标志着中国知识产权保护已达到了新的高度。

摘自《检察日报》2011年7月15日

《人在囧途》状告《泰囧》侵犯著作权

余瀛波

3月2日，影片《人在囧途》制片方、武汉华旗影视制作有限公司（以下简称华旗影视）在京召开新闻发布会，宣布正式对《人再囧途之泰囧》（以下简称《泰囧》）发起"侵权"诉讼。被诉方共包括四家公司，分别为：参与《泰囧》制作的北京光线传媒股份有限公司、北京光线影业有限公司、北京影艺通影视文化传媒有限公司以及北京真乐道文化传播有限公司。

华旗影视称，2013年2月28日，北京市高级人民法院已经正式受理了该公司提起的"不正当竞争及著作权侵权之诉"。在当天的新闻发布会上，华旗影视代理律师崔莉向与会媒体展示了北京市高级人民法院下达的受理案件通知书。

她表示，华旗方面的诉讼主要集中在三点：第一，被告故意进行引人误解的虚假宣传，暗示、明示两部片子是有关系的，《泰囧》是《人在囧途》升级版、第二部、续集等，使观众误认为是《人在囧途》原出品人、原班人马精心打造并奉献的又一部力作。

第二，被告在全国各地的宣传、广告中，直接、大量地擅自使用《人在囧途》特有的名称，导致观众严重地混淆、误认。

第三，将《人在囧途》与《泰囧》两部电影进行的比较对比中清晰地发现，无论从电影名称、构思、情节、故事、主题还是台词等N处，两部电影实质相同或相似。被告的剽窃行为构成侵权。

影片《人在囧途》于2010年6月4日上映。该片上映后，取得了约5000万总票房，并获得电影华表奖"优秀故事片提名"等荣誉。据华旗影视介绍，2011年5月18日，其申请的影片《人在囧途2》获得湖北省广播电影电视局颁发的"摄制电影许可证（单片）"。

2012年12月12日，由北京光线传媒股份有限公司投资，北京光线影业有限公司、北京影艺通影视文化传媒有限公司、北京真乐道文化传播有限公司、黄渤工作室共同出品的影片《泰囧》在国内公映，并以突破12亿元的成绩一举刷新了华语片的票房纪录。

华旗影视认为，被告未付出劳动、未支出成本、未作出贡献，却直接将《人在囧途》获得的成功、取得的成果据为己有，并以此获得巨大的商业利益，其行为严重违反了公平原则和诚实信用原则，违反了公认的商业道德，属于典型的"不劳而获"和"搭便车"的行为；违反了《中华人民共和国反不正当竞争法》和《中华人民共和国著作权法》的相关规定，属于侵权行为。

崔莉表示，华旗影视公司依法拥有影片《人在囧途》一切智力成果的知识产权。被告的侵权行为严重，情节恶劣，给华旗影视公司造成了重大的商誉、名誉和经济损失，因此决定提起诉讼。对于此次诉讼的赔偿额，华旗影视当日并未向媒体透露。截至目前，被诉四家公司尚未对此事予以正面回应。

另据了解，针对《泰囧》是否属于虚假宣传、对《人在囧途》名称的使用是否构成不正当竞争；《泰囧》是否构成对《人在囧途》作品的剽窃等争议焦点，近日在中国人民大学召开了法学专家研讨会。中国政法大学教授江平等与会专家认为，无论最终结果如何，我国都需要这样的判例，以此来推进反不正当竞争法和著作权法的完善过程。

摘自《法制日报》2013年3月3日

"中国好声音"开播引版权大战酷我百度起纷争

雷建平

曾经火爆大江南北的"中国好声音"将于今日再次开播。在开播前夕,音乐行业却掀起版权大战:"酷我音乐"和"百度音乐"均宣布拥有"中国好声音"独家音频版权。

"中国好声音"官方微博日前发布消息称,第二季"好声音"独家音频版权只在百度音乐,其他均系盗版。不过,酷我音乐及其授权方却坚称"酷我"拥有"中国好声音"独家音频版权。

到底谁才拥有"中国好声音"独家音频版权。腾讯科技获悉,百度音乐是与"中国好声音"版权方梦响强音文化传播(上海)有限公司达成合作,酷我则是从"中国好声音"独家版权方星云乐众达成战略合作。这也使得"中国好声音"变出两个版权方。

为何出现这一状况?这得从"中国好声音"的起源说起。"中国好声音"是由浙江卫视联合星空传媒旗下灿星("好声音"制作方)制作打造的大型励志专业音乐评论节目,源于荷兰节目"The Voice of Holland",灿星要制作这一节目须获得荷兰版权方的授权。

2012年7月,"星云乐众"和"灿星"签订"中国好声音"合作协议。协议规定:"中国好声音"节目内容数字发行独家转让合作,甲方灿星将中国好声音节目内容的产品的数字发行独家转让给乙方(星云乐众),包括但限于节目中出现的音频视频图片文字。

这一协议自双方签订之日起有效期到2014年7月9日停止，期间内所有好声音节目内容的音视频以及图文由独家转让给星云。灿星独家授权星云乐众全权负责"中国好声音"官方网络平台的建设和运营，星云乐众是"中国好声音"官网的独家公司，无其他官网存在。

此前，灿星和星云乐众一直合作相安无事。不过，近日灿星单方面宣布与星云乐众解约，并将运营权授予给梦想强音。灿星解约理由是：灿星未能取得好声音节目模式版权方就"中国好声音"第二季节目授权，导致原协议中双方约定的合作事宜无法继续，故通知星云乐众自收到本函之日起解除此协议。

这让星云乐众及酷我陷入尴尬境地，尤其酷我已投入上千万资金运作"中国好声音"。不过，星云乐众不认同解约理由，星云乐众在发给灿星的回函要求灿星出师荷兰版权方与灿星解约文件。星云乐众认为灿星若未获荷兰版权方授权，无法进行"中国好声音"授权运营，事实上灿星并未停止授权举动。

转播到腾讯微博

星云乐众董事及常务副总裁赵铮今日对腾讯科技表示，发过回函后灿星没有通过任何正式渠道通知星云乐众，灿星没有权限解约，解约完全是"乌龙"事件。

赵铮亮出拥有灿星盖章与灿星高层签字文件，强调酷我是"中国好声音"第一、二季数字拥有者及转售权，其他版权方授权违规，百度音乐并不是真正的独家音频版权。酷我音乐数字音乐总经理曾莺则表示，酷我音乐因此受到的损失，将追溯荷兰原始版权方相关责任。

对于星云乐众和酷我方面的指责，百度公关部表示，一切均按照正常流程进行，百度音乐获得的"中国好声音"授权完全合规。

分析人士指出，百度音乐和酷我音乐纠纷根源并不是两家有矛盾，根源在版权方。酷我今年5月向星云购买"中国好声音"版权；但星云跟"中国好声音"版权方灿星产生纠纷，灿星将版权私下交给梦想强音代理，梦想强音又将版权出售给百度音乐和搜狐视频。

上述人士指出，"说到底是版权方看到'中国好声音'火了，和代理方利益开始不一致，导致产生纠纷。百度音乐和酷我音乐只是被殃及而已。"

摘自《腾讯科技》2013年7月12日

丧礼音乐也要付钱

小 星

"创作是昂贵的,不是你指尖一按滑鼠就能得到……"这是台湾著作权保护基金会在电视上反复播放的版权保护广告。有一件事印象深刻。台北野鸟会给记者打来电话,询问他们的刊物能否转载我的文章,他们的刊物是爱鸟者内部交流的,并不用于赢利,于法于情我都同意他们转载,但他们坚持问我是否需要签什么文件,其认真的态度是尊重我也是保护自己。

在台湾,长期以来对于著作权的保护十分重视,知识产权保护的观念已经深入人心,而且相关的措施亦十分到位,但即使这样,"麻烦"还是层出不穷。

法规严密 剽窃会让人付出昂贵的代价
行政积极 努力让台湾退出侵权名单

为提升知识产权保护的行政能力,台湾于1999年在"经济部"下设智慧财产局,将专利、商标、著作权、积体电路布局及商业秘密保护等业务集中运作,提升审查质量与效能,加强产权保护。

令记者印象深刻的是,智慧财产局还定期举行记者会,向台湾的境内外媒体通报工作情况,通过媒体向社会传播保护知识产权的概念,并树立台湾的良好形象。记者去年在台湾采访期间,参加了一场这样的记者会,主题是两岸合作保护知识产权,局长王美花亲自到会回答记者的问题,工作人员当场提供给记者所要的文字资料。

大概就是这样的努力，美国贸易代表署已将台湾从侵权"优先观察名单"降为"一般观察名单"。

难以避免 依然有涉侵权案不时曝出

即使付出了很大的努力，但台湾的产品还会不时地曝出涉嫌侵权。被法国爱马仕控告侵权的"娇蕉"包就是一例。

以台湾设计、台湾制造为招牌的"娇蕉"包，外形和商标酷似爱马仕包，一上市就成为台湾的时尚潮流，很多女艺人也人手一个，大S的婚礼也以此包作为礼物送给宾客。很多游客到台湾也抢购"娇蕉"，因为20万元新台币的名款包变身1000元新台币的帆布购物袋，漂亮又实用，还有台湾制造的附加值，"娇蕉"风光无两。

爱马仕提出控告，认为"娇蕉"包涉侵害商标权。爱马仕方面认为，"娇蕉"包的商标与爱马仕的商标相似，甚至已让消费者质疑爱马仕授权"娇蕉"包这么做。公司先是委托台湾的律师事务所每月汇整台湾市场的情况，包括媒体及网络商家等，取证后提出控告。

生产"娇蕉"包的公司强调是创意不是抄袭，"爱马仕包的外观形状没有提出申请和取得注册，取得注册的是马车商标和外文。娇蕉包的商标是香蕉车不是马车，不能硬把香蕉下面安两个轮子解释为马车。"

"娇蕉"随即向智慧财产局申请商标注册以应付官司，但遭到驳回，驳回理由是"娇蕉"的商标从香蕉马车、兔子马夫到底下的外文整体设计，都和爱马仕包相似，容易造成消费者混淆。

驳回注册后，台北地检署依违反商标法、著作权法起诉设计、生产娇蕉包的"娇蕉国际"、"光琦兴业"两家公司的负责人，法官认为"娇蕉"包利用名款包自抬身价，搭便车不劳而获。

法难容情 罗大佑也曾被告侵权

在台湾，惹上版权官司不是新闻，告来告去司空见惯，就连罗大佑也被告过侵权。他以往的搭档、音乐创作人李坤城曾到台北地检署控告罗大佑，认为罗在《心肝宝贝》等6首歌曲中侵犯了他的著作权。李坤城的理由是，他曾是罗大佑的专属歌词创作者，歌词版权归他所有。但罗大佑却未经他同意多次公开演唱他作词的歌曲，并授权影视公司制作光碟贩售，侵犯了他的著作权。

检方调查后认定，6首歌曲中一些歌曲的侵权追诉时效已过，另外部分歌曲是罗大佑与李坤城两人共同创作，罗大佑也有著作权，因此不立案起诉。

但并不是所有涉及侵权的纠纷都可"依法"办理，有些的确是依法便不合情，"侵权"的判决也有了不能服众的模糊地带。比如按死者遗愿在告别式上播放指定音乐是不是侵权？台湾的殡葬业者为此曾经集会抗议"侵权"指控。依台湾法规条文，丧礼中使用的音乐或歌曲必须依法取得授权，付费使用，否则就是违反著作权法，可直接搜证提出控告。除了播放音乐，灵堂里使用念佛机也涉及侵权，不少殡葬业者已收到法院传票。但殡葬业者大感不服，他们认为灵堂音乐并非播给大众听，如果要为此付费太不尽情理，呼吁音乐著作人别为难他们。

还有一个法、情难两全的案件，台湾的一位大学生为美化自己的论文，便下载了一位著名鸟类摄影家的照片作插图，论文应校方要求上传到网络后，被这位摄影家控告侵权，虽然学生败诉，但很多人却批评这位摄影家"寡情"。判案法官也无奈表示，案件只能依法办，希望通过这件"寡情"的案件提醒社会建立保护智慧财产权的观念，养成习惯避免挨告。

两岸磨合 规定不同处理各异

两岸签署的知识产权保护合作协议2000年已经生效，根据协议，两岸依各自规定，确认对方专利、商标及品种权第一次申请日的效力。台湾著作权保护协会已获得大陆国家出版总署版权局的认可，成为台湾影音制品的著作权认证机构，影音制品获认证后可进入大陆市场。

协议为两岸知识产权人提供了切实保障，比如排除了抄袭专利、抢先提出专利申请并取得注册的可能性，现在台湾每年在大陆申请专利的达2万件左右。金门高粱酒、旺旺、自然美、名典等14个台湾品牌被认定为"中国驰名商标"。

但两岸保护知识产权的合作尚属初级阶段，法规衔接、行政沟通等还待磨合。近日台湾判决的《美人心计》一案就说明了这种现状。

取得授权代理大陆古装剧《美人心计》出版发行的台湾弘恩文化公司近日发现，一叶姓男子在网络上以低价贩卖盗版的《美人心计》全套DVD，因此向台北地检署控告叶姓男子违反著作权。遗憾的是检方未予起诉。

这样的判决对于获得授权的公司当然是一种伤害。但台湾检方的理由是，大陆的著作权法规定，必须符合"以赢利为目的"、盗版复制数量达1000片以上、违法所得需超过人民币3万元，才构成"违法所得数额较大"的刑事犯罪，而在台湾，只要是擅自复制并侵犯他人著作权即构成刑事犯罪。比照大陆法律，叶姓男子无需负刑事责任。

如果此例一开，大陆的影视、音乐、设计作品在台湾都受不到平等的保护，那合法代理的公司利益如何保障？又何谈公平的法律环境？两岸间条文制度的衔接应尽快做好，在此之前，挟法律"负气"与"报复"是对双方的伤害。

保护知识产权已是全球性议题，同文同种、来往密切的两岸更需携手。

摘自《北京晚报》2012年4月8日

《红色娘子军》还能舞下去吗？

孙 莹

因为《红色娘子军》结缘半个世纪的剧作家梁信与中央芭蕾舞团，终于还是因为《红色娘子军》对簿公堂。今天上午，耄耋之年的梁信起诉中央芭蕾舞团著作权纠纷一案在西城法院开庭审理。二十年前双方签订的一次性支付5000元报酬的协议究竟是限期十年，还是一次性买断；中芭是否在许可期满后又侵权跳了十年《红色娘子军》；今后中芭还能否继续演绎这部红色经典都成了此案待解的疑问。

恩怨：二十年前签协议今日对簿公堂

今天上午，梁信与中芭双方都是由律师代理出庭。梁信的女儿梁丹妮、女婿冯远征前天曾举行案件说明会，今天也未到庭。

梁信于1960年创作《红色娘子军》（简称《红》）剧本，被改编成电影后轰动一时。1964年，中央芭蕾舞团又将其改编成了芭蕾舞剧。由此，梁信与中芭因为《红》剧联系在一起。

在当时及此后二三十年的时间里，中国的著作权保护还处于法律空白。当1991年著作权法出台后，时任中芭团长的李承祥便主动联系梁信，1993年，双方签订了一纸协议书。

在协议中，确认了中芭的芭蕾舞剧《红色娘子军》是根据梁信的电影剧本改编。协议中的三项条款分别是，中芭在演出节目单和宣传海报上署名改编自梁信的剧本；二是一次性支付报酬5000元；三是梁信不能再授权其他单位以舞剧形式改编《红色娘子军》，以确保中芭的专有表演权。

这份本身为了避免争议的协议却偏偏埋下了今天这场诉讼的隐患。

争议一：许可改编还是报酬权利？

在今天的法庭上，原被告双方对1993年签订的这份协议作出了完全不同的解释。

梁信认为，双方的协议是一份著作权许可使用协议。虽然在协议中没有写明期限，但1991年的著作权法已经有明确规定，许可使用合同期限最长十年。因此，许可合同因为法律的强制性规定自然获得了期限。十年使用期满，许可也就终止了。他和中芭于1993年6月26日签订协议，也就是说，梁信同意中芭的改编许可期限在2003年6月26日终止。但此后，中芭没有续约，仍然继续演出《红》剧，侵犯了他的著作权，应停止侵权，赔礼道歉，赔偿经济损失55万元。

中芭代理人在答辩时表示，中芭早在1964年改编芭蕾舞剧《红色娘子军》时已经享有了改编权和表演权。唯一没有解决的，是中芭表演改编作品时没有给付梁信这位原作者的报酬，所以中芭主动和梁信签订协议。

协议上都是表演作品付酬的意思，通篇没有一个"许可"的字眼。引用的法条也是表演作品付酬的规定。签订协议约定的是原作者获得报酬权，并非改编权转让许可。协议是为了规范梁信行为，设置禁止许可他人改编的约定，而不是对中芭的许可授权行为。协议书的签订就是为了让中芭享有专有表演权的权利。

梁信的律师反驳说，中芭在1964年改编了芭蕾舞剧，但由于当时没有相关法律规定，因此中芭实际上一直没有得到法律意义上的原著改编许可，这才是中芭提出签约的用意。而且协议中约定梁信不得许可其他单位以舞剧形式改编《红》剧，这也可以看出协议的改编许可性质。

争议二：限期使用还是永久买断？

记者在协议中看到，梁信专门手写了一项条款如果今后文化部另有规定；中芭与梁信认为有需要，另行商议。梁信一方认为，这就是限期许可使用，今后再行商议续约的明确约定。

中芭律师解释说，根据当时的历史条件，《红》剧可能随时被叫停，增加的双方可以再行商议的条款是保证梁信的权益。即如果《红》剧被叫停，只要梁信认为不需要再议，中芭也不能反悔，梁信高额的报酬权利能得到保障。但此条并非许可合同到期再议的意思。

在法庭上，梁信一方拿出了一份1993年时任中芭团长的李承祥写给他的书信。李在信中提到，他查看了著作权法，认为在十年限期之内一次性付费的方式比较好，费用3000元，十年届满后再续约。梁信认为，由此能看出，当年许可期限就是十年，十年之后还要协商续约。

中芭律师说，信中说十年支付3000元，但协议却是一次性支付5000元。这前后数字的区别就是梁信放弃了十年给付3000元的要约，变成了大幅上涨为5000元一次性买断的条款。

不过，对于到底是限期使用还是一次性买断，肯定是当事人最清楚不过。如今，年事已高的梁信没有亲自出庭，但用诉讼表达了自己的态度。而中芭除了当庭辩驳之外，也没有要求李承祥等人出庭作证。

中芭代理人称《红》剧可能是自创

虽然在1993年协议中已经确认中芭的《红色娘子军》改编自梁信的电影剧本。然而让人意外的是，在今天的法庭上，中芭方面却公开表示对改编出处"存疑"。代理人说："1957年有人已经发表了红色娘子军的报告文学，我们正在找寻这份报纸的原件。我们当时认为红色娘子军的原作者是梁信。现在我们对出处存疑。究竟是不是改编的，还是我们独立创作的，我们都有疑问。"

"你们怎么独立创作的，那些故事情节是哪来的？"法官追问。"我们只是存疑，但是认可当年的协议书。"中芭代理人的说法引起旁听席上的一阵低语。

在质证阶段，梁信的律师提出根据协议中芭应为梁信署名，但中芭在广东进行商演时的海报宣传册上唯独没有为原作者梁信署名。此外，中芭在香港演出时，宣传品中同样没有注明梁信的名字，这也侵犯了梁信的署名权。中芭律师否认证据真实性。

中芭：梁信是最大受益者

"如果当初协议就是十年期满，为什么没在2003年提出续约？"中芭代理人表示，2004年梁信致信中芭，祝贺芭蕾舞剧《红色娘子军》"与日月同辉"。当时已经到期，梁信也没有提出异议，而且还大为称赞，是因为他心里清楚自己的权利早已转让。

梁信的律师反驳说："这份书信只是梁信作为一个艺术工作者对中芭在艺术成就上的肯定，与其法律权益义务没有关系。"梁信的律师大声说："就像人艺把《茶馆》演得再好，版权也是老舍的。"

"如果中芭不演《红色娘子军》，可能人们都已经忘了《红》剧，甚至忘了梁信。中芭的表演行为让梁信成了最大的受益者。"中芭代理人的话显得梁信还占了便宜。

《红》剧是中芭的当家戏，跳了几千场，堪称经典。然而又让人意外的是，中芭律师拿出了一份中芭两年演出67场《红》剧的收入说明中芭表演该剧没有盈利总共亏损1700余万元。

对此，梁信律师说："我们根据这些场次的最低票价、按照上座率一半计算，演出收入至少500万元。"

疑问：中芭能否保住"娘子军"？

在中国芭蕾舞剧发展史上具有里程碑意义的《红色娘子军》一直是中央芭蕾舞团的看家戏。而梁信诉讼请求的其中一项是中芭未经他另行许可则不许再演根据其剧本改编的舞剧《红色娘子军》。这样的诉求无疑给司法审判出了一个现实"难题"。按照著作权法的规定,认定有侵权行为后,停止侵权是对侵权者最基本的一项要求。在此案中,如果中芭胜诉或者双方和解,继续表演则不成问题。但如果中芭被判侵权,梁信的诉讼请求就合乎法律规定。那就无异于用法律的方式扼杀了中芭编排的这部享誉半个世纪的红色经典。

在前天的说明会上,冯远征已经表示,他不会让《红色娘子军》芭蕾舞剧死掉。中芭不跳,也有人会跳。有单位已经提出希望改编《红色娘子军》的芭蕾舞剧。因为官司未了,他们一家并未同意。

此案诉讼开庭的消息经由梁丹妮、冯远征前天召开说明会预告后,也备受网友关注。一位个人简介为中芭菜鸟演员的网友"马晓东ballet-dancer"表示:"最后不管结果怎样,我真心的希望娘子军这部芭蕾舞剧能传承下去,让后人看到,我想这也是梁信老师所希望的吧,不要因为这次的事情而让这部永恒的经典消失。我希望双方能达成共识,这可是梁信老师留给我们后人的精神财富啊。"

在庭审最后,法官询问双方能否调解。梁信的律师表示可以接受调解,重新签订许可合同,商议新的报酬标准,在金额方面可以商议和妥协。但中芭明确表示不同意调解,让法院依法判决。此案没有当庭宣判。

摘自《北京晚报》2012年4月18日

《著作权法》修法幕后

乌力斯

"我国《著作权法》颁布才二十年,为什么要修法,因为里面有很多条款,不适合现在社会的变化,对著作权人的保护不够,存在许多空白。"

"我写给温总理希望尽快修订《著作权法》的那封信,没想到批复那么快。"

作家张抗抗对记者回忆,去年3月3日全国政协会议开幕的当天,她通过国务院参事室"直通车"制,递呈温总理一封信,希望总理对知识产权保护给予关注。第二天,也即3月4日,温家宝总理就在她的信上做了批示,请国务院法制办对于修订《著作权法》给予重视和关注。

无奈的作家

张抗抗没料到自己会成为《著作权法》修改的幕后"推手"。

早在上世纪70年代,张抗抗就开始文学创作。那时,她发表在报刊上的小说、散文,总会被一些文学选刊和文摘报刊转载。

大部分时候,张抗抗是收到样报、样刊和样书以后,才知道自己的小说、散文被转载、选摘了。除非是关系好的朋友,才会在报刊和图书出版前给她电话,征求她的同意。更多的报刊,几乎不会给她打电话,征求许可;有的报刊,甚至不寄样报样刊,更不寄稿费。

她应约为布老虎写的《情爱画廊》,是当时最畅销的长篇小说。当时有家广播电台，把《情爱画廊》变成了声音录播作品，还卖到各地广播电台播放。张抗抗听到收音机里播自己的小说，既惊讶又气愤，当她找到始作俑者某广播电台去时，对方回答说，法律许可他们免费使用。最后她拿了一笔比报刊稿费低得多的稿费，"千字不到5元"。

和大陆相比，台湾、香港、新加坡和海外的报刊、出版社的表现要好得多。"它们通常是很客气地打电话联系，再用挂号信寄合同来，上面清清楚楚写着稿费标准和使用范围、时间，双方的责任和义务一目了然。"

这样的对比，不免令张抗抗感叹，也让她开始关注《著作权法》。"可以说，港台地区和西方国家做得比我们好，它们的著作权法很严格，尤其是英美德加等国，若是翻译我的作品，哪怕在学术作品里引用我的一段话，都要我作出书面授权。"

1999年，北京一家名为"北京在线"的网站，未经作者许可，私自将张抗抗、王蒙、毕淑敏、张洁、张承志、刘震云的《红罂粟》《坚硬的稀粥》《预约死亡》《一地鸡毛》等作品搬上互联网。

王蒙、张抗抗等6位作家在交涉无效后，将"北京在线"告上法院。网站辩称《著作权法》对互联网传播他人作品是否应征得著作权人同意、是否付费、如何付费没有任何法律规定，他们的刊登行为属"无侵权故意"。

这起"网络传播第一案"最后的结果是，北京海淀区法院判决"北京在线"网站停止使用作品，在网站上公开道歉，赔偿作家们的经济损失。张抗抗最后拿到了一笔数额不高的赔偿费。张抗抗认为，重要的不是赔偿金额，而是赔偿作家被侵犯的权利和尊严。"北京在线"不服，上诉到北京第一中级法院，最后维持原判，驳回其上诉。

当年审理此案的审判员杨伯勇回忆说，此案的判决为2001年的《著作权法》修改和2006年国务院颁布的《信息网络传播权保护条例》提供了司法实践的成功判例，新增加的第10条第12款规定了"信息网络传播权"的概念，也为全国法院受理互联网的侵权案提供了参照样本。

这起官司，让张抗抗深刻了解了大陆的知识产权相关法律，也让她成为了作家圈里的"著作权法"专家。

两起官司幕后

当张抗抗再次上书要求修改《著作权法》，已经是在上一次修改十年后。这十年里，传统的报刊、图书面对着互联网的内容免费模式竞争，生存陷入困境，发行量越来越小，一些文学杂志干脆改行，改成了时尚消费杂志。靠传统报刊模式生存的作家们的日子，也越来越艰难。

2009年6月，中国文字著作权协会总干事杨天赐收到国际影印复印权协会秘书长奥拉夫的英文来信，提醒他谷歌可能扫描、收录了中国著作权人的作品，建议他参照美国达成的和解协议，向谷歌索要经济补偿。

当时的常务副总干事张洪波马上安排6个员工查询谷歌数字图书馆，经过三个月的工作和统计，他发现，仅抽样调查就显示至少570位中国人的17922部图书被列入到谷歌数字图书馆内。

9月4日，中国文字著作权协会召开新闻发布会，宣布谷歌在美国的和解协议对中国作者无效。10月19日，谷歌中国法律顾问宣布，派谷歌图书搜索战略合作部亚太区首席代表艾瑞克－哈特曼来华，与中国文字著作权协会展开谈判。

10月29日，张洪波与艾瑞克展开会谈。中国作协也向谷歌发出维权通告，加入维权阵营。几天后，艾瑞克致电张洪波，"鉴于世界各国权利人的呼声，谷歌总部研究同意，美国的和解协议的适用范围从全世界缩小至美英加澳四国。"

11月20日和12月22日，艾瑞克和张洪波分别进行两次会谈，谷歌同意递交谷歌图书馆涉及的中国图书清单，提出解决方案，合法使用中国的图书作品。2010年1月9日，谷歌向中国权利人致歉，向中国文字著作权协会提交了其扫描的21万余种中国作品清单。但12日，谷歌公司在第四轮会谈几个小时前，突然宣布无限期推迟会谈。

摘自《新民周刊》2012年第20期

我和版权有个约

何映宇

一首歌曲从推出到走红最快也需要半年以上的时间，推广人对音乐作品的收益期最起码也要持续三年以上的时间。如果实行首次制作三个月后的强制许可，将不会再有人对音乐作品的广告宣传投入一分钱。

"草案发布的当夜，听见音乐的遗言，从此轻轻地告别，音乐人音乐界。谁抢夺我的心血，谁在乎我的幻灭。"

徐千雅的新歌《我和春天有个约》刚刚在网络上亮相，就被网友改成了这样的歌词，起因皆是因为，《中华人民共和国著作权法》（修改草案）公开征求意见，结果就引来了意见一片。

进入21世纪之后，选秀歌手热火朝天的背后，是各大唱片公司内外交困入不敷出的严酷现实。在上世纪八九十年代红极一时的滚石、宝丽金、飞碟、大地、魔岩、蓝与白、可登、点将等品牌，或改旗易帜，或销声匿迹，就是手握李宇春这样的法宝的太合麦田老总宋柯也索性拂袖而去，卖起了烤鸭，唱片盈利几成神话。

在这样的时代大背景下，即将出台的新《著作权法》（修改草案）第46条竟然规定，录音制品首次出版三个月后，其他录音制作者可以依照本法第48条规定的条件，不经著作权人许可，使用其音乐作品制作录音制品。此条一出，立即遭到各大歌星、各大唱片公司老总的口诛笔伐。

另外一条广受责难的条款是新《著作权法》的48条，其中规定，不经著作权人许可使用其已发表的作品，只要在使用后的一个月内按照一定标准向著作权集体管理组织（实际上就是音著协和音集协）交付使用费就可以了，著作权人同意不同意已经无足轻重。

4月11下午，中国音著协唱片工作委员会（简称"唱工委"）在北京召开了通气会，宋柯、谷建芬、付林、金兆钧、刘欢、小柯、张亚东等众多音乐人及数十家唱片公司代表出席，一致声讨新《著作权法》。

刘欢直接炮轰这个立法"不可理喻"："法律这事儿我不擅长，看到唱工委为之付出这么多的精力，我要站在著作权人的角度讲讲。音著协可以随便把著作权人的音乐作品拿出去公播，获得的收益分给你多少你管不着，给你多少你就拿着。著作权法立法应该是为了保证著作权人应有的权利，不是为了保证传播，这个立法的出发点太奇怪了！不可理喻！我觉得也得让我们活得有点尊严。如果法案通过，对中国的音乐事业是一个灭顶之灾。"

也难怪刘欢要生气，"唱工委"提供给记者一份《〈著作权法〉（修改草案）对音乐产业来说意味着什么》的PPT文件，真是字字血泪，"整个市场应收版税220亿，实收才5亿。音著协独家垄断公播、演出、卡拉OK权利，应收25亿，实收0.5亿；音集协独家垄断公播、卡拉OK权利，应收90亿，实收1亿，每家音乐公司才分到几十万。"

在网络侵权打击下，唱片收入萎缩95%，又无法从网络收费，经营模式几乎崩溃。

中国的唱片公司已经到了最危险的时候，著名音乐人小柯说他4月3日第一次看到关于这条修法的微博时一夜没睡："我开始想我的前世今生……我开过学校，开过唱片公司，后来赔得稀里哗啦，逼得我一个音乐人不得不去经商。音乐人都是用生命在创作，然而今天却有一条法律堂而皇之地剥夺了你所有的权利，这个法律背后的操作者是谁？"

七十七岁高龄的谷建芬女士打了个比方："望行业朋友们一起觉悟起来，一个没奶喝的孩子你还不哭，那你能有奶喝吗？"

相比之下，"唱工委"常委、音乐人周亚平更为理性一些，他仔细分析了新《著作权法》起草者可能考虑的海外西方法律背景，指出这种所谓"唱片巨头利用版权垄断"的情况只在传统唱片业发达时期的西方存在，根本不符合现今中国音乐市场的悲惨现状。"一首歌曲从推出到走红最快也需要半年以上的时间，推广人对音乐作品的收益期最起码也要持续三年以上的时间。如果实行首次制作三个月后的强制许可，将不会再有人对音乐作品的广告宣传投入一分钱，这将极大地打击国内唱片公司推广新作品、优秀作品的积极性，音乐传播市场会迅速萎缩。因此，实施强制许可会直接危及到唱片公司的生存，其后果是使音乐产业雪上加霜。"

摘自《新民周刊》2012年第16期

抄袭到底伤害了谁?

范 昕

时下人们之所以频频追问借鉴与抄袭的边界,质疑以借鉴之名行抄袭之实,是因为在现代商业社会,抄袭所带来的伤害日益明显。

针对"抄袭",学界有这样一种观点:应该从抄袭形成的实质损失和侵害来辨别什么样的抄袭行为应该受到舆论谴责。几年前,美国芝加哥大学法学院教授理查德·波斯纳在一本名为《论剽窃》的小册子中抛出这一评判标准时,令许多人大开眼界。上海国定律师事务所律师、复旦大学法学博士研究生孙益武则向记者进一步补充道,"抄袭行为是否构成,不妨结合主观动机和客观结果两方面来判断,主观上是有意还是无意,有没有欺诈的成分,客观上于自己而言获得了哪些利益,对原作者而言又造成了什么样的伤害。"

为何莎翁的"抄袭"被默许?

当人们依上述标准再度审视古往今来那些有着抄袭倾向的借鉴时,怎样的行为应该受到舆论谴责,渐渐明朗。

比如文学创作领域。早在17世纪,莎士比亚就曾身陷"抄袭门":其作品中的很多句子均与前人作品中的句子雷同。但之所以绝大多数的人们默许了莎翁的"抄袭",甚至坚信不疑地将其奉为文坛巨匠,在于在他所处的时代,这样的借鉴大有利于传播知识、惠及大众,而对原作者构不成实质性的伤害或者伤害几可忽略不计。

又如音乐创作领域。为什么《一闪一闪亮晶晶》与《字母歌》听起来如出一辙?谁抄袭了谁?社会化问答网站知乎网给出过这样的解释:《一闪一闪亮晶晶》原曲为18世纪中期的法国民歌《妈妈请听我说》,莫扎特根据此曲改编了《C大调变奏曲K.265》,《字母歌》也源自该曲。事实上,自古以来,音乐上的创意就是相互交织的,早期的很多音乐听起来都甚为相似。人们从乡间听到什么小调,从教堂听到什么福音曲,从酒吧听到什么演奏,只要觉得好听,都可能用到自己的曲子里,一般这类相互借鉴的行为也不会引起公众非议。当然,这同样基于当时的社会背景、市场环境,甚至有相当数量的作品原本就是没有署名的。

为何"郭抄抄"们不应被纵容?

在孙益武看来,抄袭之所以如今被人们恨得牙痒痒心戚戚,是因为进入现代商业社会,市场环境变了,抄袭牵涉到了太多的利益。换而言之,利益尤其是经济利益的驱使,可谓如今抄袭行为越演越烈的根源。他举出作家庄羽诉郭敬明侵犯著作权一案,"郭敬明抄袭庄羽,直接导致庄羽作品的读者被分流了,背后是经济利益的再分配,他自己从而获得了巨大的经济利润。最终,郭敬明败诉,被判赔偿庄羽。"另一个显而易见的例子则是学术论文上的抄袭,"同处一个研究领域,抄袭者与原作者很可能存在着竞争的关系。抄袭者凭借抄袭,很可能在较短时间内就能树立学术地位、获得一些重大课题等,对原作者自然是造成了不小的伤害。"

孙益武也提醒记者留意,当下其实还存在着不少不易被察觉的抄袭,比如教辅领域就是重灾区。"人们总以为,教辅是为了传道授业,尽管大多在综合归纳、系统阐述前人观点,但不构成欺骗,很能博取感情分,况且读者对于教辅也没有原创性的期待。事实上,这成了不少教辅编者行抄袭之实所钻的空子,他们不过是在抄别的教辅,在汇编的时候没花多少心思,甚至在出版时以'著'字堂而皇之地代替'编'字。要知道,教辅在出版行业有着惊人的利润空间。"他认为这样的抄袭也是不应被纵容的。

摘自《文汇报》2013年5月15日

数字音乐：巨鲸之死

金 姬

从4月底至今，中国最早最大的正版音乐网站"巨鲸音乐网"一直处于无法访问中。巨鲸网创始人陈戈曾无奈地表示："我们这个行业的最根本问题是裹足不前，没有分享到近十年突飞猛进的以互联网为代表的技术红利。"

讽刺的是，就在一个月前，高晓松刚刚高调表示，通过去年《著作权法》的修改和众多音乐人的抗争，7月1日开始，中国音乐产业将正式走向正版化，在线试听、下载网络音乐或将告别免费。事实上，从6月5日起，包括虾米网、百度音乐、QQ音乐、酷狗音乐等在内的多家音乐网站试行全面收费，过渡期两个月。

"数字音乐若再不收费，整个市场就快完蛋了。"虾米音乐网CEO王皓告诉《新民周刊》，"收费已经叫了十多年了，原来大家只是抱怨政府不管，现在行业内部有压力去收费，否则就活不下去。"

巨鲸"搁浅"

录音机与三块钱一盘的盗版磁带，CD机与十块钱一张的盗版碟片——这是网络音乐盛行前音乐爱好者的最深刻记忆。2000年网络音乐出现后，正版音乐更受到近乎毁灭性的打击。五年后，中国有400余家中型音乐网站及1000余个小型个人主页存在侵权问题，供下载的MP3歌曲50%以上都是盗版。

2005年7月,环球、华纳、EMI等七家国际知名唱片公司状告百度MP3搜索侵权。这场中国数字音乐历史上里程碑式的官司开始两个月后,巨鲸音乐网成立了,并于2006年3月正式上线,当时就承诺为用户提供免费试听和有偿下载正版音乐服务,300万美元启动资金来自姚明以及其经纪人章明基。一开始,巨鲸网和中国电信互联星空合作,包月捆绑用户付费,但每月几万元的收入很难支撑一个企业的正常发展。

历经两年多的谈判,巨鲸网与世界各地的唱片公司合作,推出上百万首的正版音乐。2008年8月,谷歌入资巨鲸网,联手推出"谷歌音乐",改变原服务模式,推出免费正版音乐下载服务。也就是从这一天起,广告成为巨鲸网的主要收入来源。

在虾米网CEO王皓看来,音乐并不是广告很好的载体,这也是广告收入难以支撑数字音乐网站的主要原因,"这和用户看在线视频时的嵌入广告不同,中国没有很好的音频广告市场,如果是网页显示的广告,价值就很低了。"

2011年,巨鲸网曾以1000万美元收购了老牌在线音乐网站一听网,打算仿效美国的流媒体音乐服务商"潘多拉"(Pandora),以"中国潘多拉"的概念谋求上市,最终未果。2012年9月,谷歌关闭在华音乐搜索服务,巨鲸网也随即陷入了困境。于是从今年4月底开始,打开巨鲸音乐网的网页,只能看到"网站维护中,请稍后访问"的字样,陈戈也不再愿意面对媒体。

告别免费时代

资料显示,数字音乐的主流商业模式主要有四种:一是下载模式,最成功的是苹果的iTunes,用户可以在数字音乐超市中选择自己喜欢的歌曲付费下载;二是美国的潘多拉模式,用户免费在线听歌,采用广告的模式,但是用户对听哪一首具体的歌曲没有选择权;三是Spotify(声破天)模式,这家公司采用以移动互联包月付费的模式,用户能听自己想听的歌曲,进行具体搜索；四是电信运营商的增值服务。

这些模式在中国或多或少都有些水土不服。

今年4月28日刚刚过完十岁生日的iTunes已突破250亿首的下载量。乔布斯用iPod+iTunes改变了美国甚至世界的音乐产业，但这个模式在中国却行不通。iTunes得到苹果的硬件、软件和内容整合的支持，国外用户也已经养成付费的习惯。而在中国，90%以上的网民不愿为数字音乐下载买单，因为90%以上的盗版音乐足以满足他们的收听需求。难怪去年开始卖烤鸭的音乐人宋柯感慨："四大娱乐行业（电影、电视、游戏和音乐）中，唱片业是唯一一个在互联网时代产值和品质双双下降的行业。"

豆瓣FM提供伴随式个性化音乐收听服务，但从今年初开始又推出了豆瓣FM Pro付费版本：提供最高192Kbps码率的高音质音乐，收听环境不会有任何广告与音质的次序，收费标准是10元/月或50元/半年。豆瓣高级运营总监、豆瓣音乐负责人刘瑾对《新民周刊》表示，"目前已经有越来越多的新生代用户接受为网络产品或服务付费，前提是这些产品服务能够为他们提供价值。同时，收费产品面向的也是对服务有更高品质诉求的少量用户，而非全用户。我们一直以来规划的模式就是，多数人用免费服务，但是有广告；少数对体验要求更高的人，不希望有广告、音质更高等，他可以以付费的形式来用。无论是用广告的方式，还是用以更好的体验来收费的方式来解决自身成本（版权、带宽等）的问题都是最合理的。

Spotify模式也是目前国内在线音乐网站效仿最多的一种模式：2007年，QQ音乐就将音乐VIP升级为QQ音乐绿钻贵族，10元/月，目前绿钻用户超过600万；去年，百度将旗下Ting!、MP3、千千静听等产品整合推出百度音乐，于今年第一季度低调推出VIP会员服务，定价为5元/月或48元/年；今年3月，多米和中国联通推出沃·多米"包流量畅听"业务，资费为8元/月；虾米网也将于6月启动高品质无广告的包月视听，但收费尚未确定。

而电信运营商的增值服务是中国市场最成功的一种模式。以中国移动为例，累计音乐下载量53亿次，占国内无线音乐市场份额83%。去年中国移动音乐的收入更是高达300多亿元。国内电信运营商几乎是三足鼎立的垄断局面，而在线音乐网站却有数十家，后者是完全市场化的竞争，目前真正做到盈利的可能只有QQ音乐一家。

还有一种是"中国特色"的数字音乐收费模式。2011年3月推出的YY音乐，已经成为欢聚时代的第一大收入来源。YY音乐的特色是"公主模式"——房间，微信号，送礼物，买虚拟豪车等内容是音乐带动其他增值业务的重点。这一草根模式注定很难得到阳春白雪的音乐人的认可。

正版有商机

随着2001年中国加入WTO以及2002年新修订《著作权法》的通过，国内著作权保护意识大幅提高。目前主流唱片公司和音乐平台间，都通过版权购买的方式来合作。作为购买方，音乐平台总觉得每年支付千万级版权费的成本压力过大，而在唱片公司这一边，又觉得版权收入被严重低估。

至于高晓松宣告的"7月1日全面正版化时代"，宋柯表示："晓松是个艺术家。据我所知，具体的日期和金额等细则还没有达成。不过，那些提供在线收听的互联网公司比我们着急，它们光烧钱不收费，等钱烧光了就无以为继。"

目前酷我、酷狗、多米等多数数字音乐平台主要是采用一次性买断的方式，其中多米、酷我、酷狗一年版权支出差不多两三千万元，腾讯、百度稍高，约七八千万元。王皓透露，目前中国没有一家网络音乐公司是百分百正版化的。"音乐版权方的渠道特别复杂，有时通过代理公司获得的授权，未必是原创者本身的授权，可能就会引发纠纷。"虾米网的音乐版权费不像电影那样一次性买断，一般是每年续费的。"能够买断的歌，基本上没多大市场价值；好的歌，根本无法买断。而音乐的版权数量每年都在不断增加，这意味着总版权费支出一年比一年多，而广告收入增长非常有限。"

虽然目前音乐平台生存困难，但由于看到正版化大趋势下的收费前景，不少互联网巨头宣布加入数字音乐行列。去年年底，京东商城上线数字音乐商城,收费价格不超过传统CD唱片的1/3,一张专辑最便宜的1.99元,最贵的为19.9元;今年1月初阿里巴巴宣布收购了虾米网,并在阿里巴巴内部结构调整时整合到音乐事业部;网易CEO丁磊也在今年4月发布了网易云音乐,主打歌单、社交、大牌推荐和音乐指纹等音乐社区功能。

在王皓看来,目前国内的这些音乐平台陷入了同质化竞争,"就好像大家都在卖火锅,但要像海底捞那样卖服务才能出头。"

摘自《新民周刊》2013年第22期

关于记者著作权的若干问题

陶国峰

与其职业具有特殊性一样，中国记者也有一些特殊的著作权问题需要应对，讨论一下这些问题是有价值的事情。

首先是职务写作问题。

中国大陆的新闻工作者大多是职业的记者和编辑，他们利用新闻工作者身份和所供职单位提供的物质条件，在工作时间写作的作品，当然是职务作品。其著作权归单位所有。

但是，单位的这个著作权并不是绝对的，而是受到很大限制。作者本人也有条件地享有一定的权利。

对于这些作品，单位拥有首发的权利。单位首发之后，作者本人可作其他方式的使用并获得利益。譬如结集出版，在其他媒体上发表，改编为其他体裁的作品发表或演出等。而其他个人或单位需要使用这些作品，还必须经过原作者同意并支付报酬。

按照著作权法规定，报纸、杂志、广播、电视这四种媒体使用这些作品可以不事先经过作者同意，但是仍然必须支付报酬。

单位拥有首发权的作品，必须是记者在工作时间内，利用单位提供的物质条件，与其工作职务相关的创作成果。譬如说，作为记者，写作的消息、通讯、特写等作品是职务作品，但是这些作品如果是业余时间且没有利用单位的物质条件写作的，其著作权就要具体分析了。如果是在业余时间写作的言论、文艺作品，则著作权归作者本人所有。如果在单位的职务是评论员，其根据本单位的要求写的言论，则无疑属于职务作品了。

由于记者编辑工作的特殊性，其有些作品实际上是很难分清是工作时间还是业余时间创作的，是否利用了单位的物质条件，所以新闻媒体一般来说都是对于其从业人员作一些禁止同业竞争和职业道德方面的约束，譬如在职期间不得为其他媒体写稿等等。

即便是单位首发的新闻作品，原作者也是有一些权利存在的，譬如署名权。除非发表前约定，真正作者的署名是不能更改的。即便出于需要并经过作者同意，首发时使用了另外的名字，作者以后使用这些作品时，仍然可以恢复其真名。

按照习惯，新闻作品有多个作者时，发表时署名的排列大多按照官职、资历和对于作品的贡献大小排列。如果有实习生参与，其名字排列在正式记者后面。如果有新闻单位以外的作者参与，譬如所谓的通讯员，则按照客先主后的原则处理，新闻媒体以外的作者排在前面。而按照法律的原则，应该是按照对于文章的贡献大小排列署名。

有的新闻工作者自己没有编采写作能力，或者不肯用功，或者用署名权拉关系送人情，总是与新闻单位以外的作者合作发表作品，这实际上是对自己身份的不正当利用，是不正常的。

据说经济日报的前身大公报有严格规定，禁止记者联合采访和联名发表作品，理由是记者必须有独立工作能力，一个人自己不能干活，那您就别干了。

新闻写作是个性化的个体脑力劳动，不是工业化生产，几个人不可能像拔河一样一起用力使劲思考。分工合作是可以的，但是集体创作不是好办法。好的作品是要有个性的，这种个性只有作者独立思考和创作的作品才能体现出来。

大公报的规定是科学合理经济和符合保护知识产权的原则的，可惜已经丢失了，当然，丢失的不仅仅是这一点。

还有的记者和编辑利用自己的身份和发稿权，把读者来稿、其他媒体发表的文章、新华社电讯稿改头换面甚至原封不动以自己的名字发表，这种壮夫不为的做法明显侵犯了他人的著作权，当然也有悖新闻职业道德。

网络的出现使中国大陆新闻工作者面临新的著作权问题。

按照规定，中国的网络不能自己采写发表新闻，而只能转载其他媒体已经发表的新闻作品。按照著作权法规定，网络不得事先不经过许可使用他人已经发表的作品，而对于海量胃口的网络来说，每篇作品都经过事先许可是不可能的事情，特别是有时效性的新闻作品。尽管网络和许多媒体签订了用稿协议，但是仍然是在侵犯他人著作权的过程中发展与壮大。

但是事情也有另外一面，许多记者编辑在写稿编稿撰写言论时，首先做的就是在网上搜索，找到需要的观点和素材，就免了采访的辛苦，甚至连往电脑里输入汉字的工作都可以省略。这样写出来的作品发表时，往往对于网络和被借光的原作者略而不提。

就新闻作品而言，网络是只准吃别人嚼过的馍的主儿，但是实际上，网络嚼过的东西，又哺育着千千万万的新闻工作者。从法律的意义上说，这种现象是值得认真研究的著作权问题。

网络对于其他媒体和作者的作品的使用，以及其他媒体和作者对于网络作品的使用，应该有合理具体的法律来规范，而首先应该解决的，是使用作品必须事先经过作者许可这个问题，在快节奏的今天，这个时间实在是等不起。

网络出现之前，发表作品的媒体十分有限，对于绝大多数人来说发表作品十分困难。新闻工作者发表自己的作品，除了本单位之外，可选择的余地也不多。但是现在不同了，作品可以随时在自己的博客、微博以及论坛上发表。这也带来新的著作权问题。

一般来说，著作权属于单位的新闻作品，在该单位首发之前，其他媒体和个人包括作者本人是不能发表的。但是具体事情还要具体分析。如果拥有首发权的单位已经决定不发表这些作品，而这些作品又关系到公众的知情权，特别是时事类新闻作品，作者完全可以在自己的博客、微博发表。

前些时候，中央电视台一位女记者奉派到云南采访一个无辜百姓被殴打致死的新闻发布会，有关部门的新闻发言人只说了几句打错人了之类的话，便宣布新闻发布会结束，拒绝回答记者的提问。这位央视女记者红颜大怒，对摄像高喝一声：录下来，上微博！此事立即成为网络上的热点新闻。

这位记者这样做，至少有两点可以理解的理由：

一、此事应该迅速传播到公众中去；二、如果将节目交给电视台，经过层层审查和有关单位公关干预，很可能被打入冷宫难见天日。所以直接在网络上曝光，行使自己的言论自由权，维护公众的知情权，是正确的选择。此事使中央电视台记者罕见地受到了网民的赞扬。

采写制作了新闻却不能发表，言论自由受到压制，公众的知情权被蔑视，这是新闻工作者最痛苦与可悲的事情。一些有丑事的单位和个人因为能够用权势和金钱封杀负面新闻，因而对记者视若无物，干起违法乱纪的事情肆无忌惮。对于这种情况，有的记者利用网络，在微博、博客和论坛上把新闻发布出去，打破舆论封锁。

这种做法在著作权方面并没有问题，其道理十分简单。

言论自由和公民的知情权是受宪法保护的基本权利，新闻单位对于新闻作品的首发权不能与之对抗。在新闻单位拒绝发表或者有意拖延时间发布某些新闻的时候，记者利用其他渠道将其公之于众是正当的。实际上，这种现象早已存在，使新闻封锁的难度空前加大。当然，记者这样做，自己要对新闻的真实性及其后果承担责任。

某些新闻作品不受著作权法保护，是记者著作权中的一个主要问题，著作权法第五条规定了一些不在著作权法保护范围之内的作品，其中包括时事新闻，这就是新闻作品不受著作权法保护这一说法的来源。

应该明白的是：1. 不是所有的新闻作品都不受保护，而仅仅是时事新闻列入了这个范围。以我的理解，进入这个范围的作品在体裁上也应该有所限制，应该是单纯叙述事实的消息类作品。从所报道的对象来说，则应该是具有让公众知道的价值的新闻，也就是关系到公众知情权的重要事实。2. 准确地说，这些作品的著作权只是受到了限制，并非完全不受保护。譬如最高法院就在司法解释中规定，使用此类作品必须保护原作者的署名权。3. 从发展的眼光看，时效问题越来越重要。时事新闻不在著作权法保护范围之内，等于这些作品进入了公共领域。有的国家已经立法规定，限制这些作品进入公共领域的时间。具体地说，就是在采写了这些新闻的媒体首发这些作品一定的时间之后，其他媒体才能发表这些作品。我个人认为，不仅应该有延迟使用的规定，使用的期限也应该有所限制，在这些作品的新闻效应消失之后，就可以从公共领域退出。

为什么有必要对时事新闻的著作权作出一些新的规定呢？

主要有两个原因：其一，著作权法保护的，并不是新闻作品所报道的事实本身，而是作者的表达方法。对于任何报道对象来说，作者发挥创造性的空间愈广阔，其作品受到著作权法保护的力度愈强，反之则愈弱。单纯叙述事实的时事新闻给作者发挥创造性的空间较小，影响了其受保护的强度。我个人认为，对于新闻作品来说，这种看法并不符合实际。一件时事新闻作品的成本，重要的部分不是写作的技术含量，而是如何获得这一新闻的线索与事实真相。成本之中，不仅有人力物力的投入，还有可能承担的风险。对于这种投入不予保护，势必影响新闻单位发掘新闻的积极性。其二，让时事新闻进入公共领域更重要的原因是，有利于保护公众的知情权。时事新闻是应该让公众知晓的信息，必须为其创造迅速传播的条件。包括著作权在内的知识产权制度，都是建立在民主法治和市场经济基础之上的。在这个基础之上，公民享受着言论自由和对于国家大事的知情权，这些权利是宪法和法律保护的，为了公民的知情权得到保障，时事新闻作品进入了公共领域。

新闻工作者是靠写作新闻而生存的，新闻著作权应该是其基本权利之一。但是中国大陆的新闻工作者普遍不在乎自己的著作权。其原因也很简单：1. 新闻作品稿酬普遍极低。2. 记者能采访到的具有市场价值的新闻不多。3. 新闻工作者的生活主要靠灰色收入和工资，著作权无足轻重。一篇作品的发表，重要的不是著作权带来的利益，而是稿件发表前后带来的其他好处，有时候甚至不发表该作品带来的利益更多。新闻媒体在相当程度上还没有进入市场，不管是否受欢迎，有没有读者和观众听众，都处于垄断地位。对于新闻工作者来说，单位永远都是买方市场，稿子能发表就是幸运，无需什么著作权。4. 对于不少新闻工作者来说，重要的不是新闻采写能力，而是记者和编辑的身份，当然不会重视什么著作权。

尽管如此，关注新闻工作者著作权还是有价值的，因为事情总会起变化，新闻界也不例外。随着市场经济的发展和公众对于言论自由的需求增大，新闻媒体市场化的程度必然逐渐增强，而新闻作品的著作权也将日益显得重要。

摘自作者新浪博客

李经纬：从孤儿到"中国魔水"
一颗健力宝星的陨落

张丽娟

22日下午，原广东健力宝集团有限公司董事长兼总经理李经纬在三水病故，享年七十四岁。这颗"三水健力宝星"永远地陨落了。

"不仅是健力宝，也不仅是中国饮料产业，在回顾中国体育产业、足球产业、运动服饰产业、中国企业第一步迈出国门……李经纬都是一个绕不过去的名字和人物！"在得知上述消息后，与李经纬有过一面之缘的北京虎跃营销策划有限公司总经理韩虎这样对网易商业评价道。

从孤儿到创业

李经纬在广州东山区孤儿院度过了自己的童年，稍大后，他给人擦过皮鞋，做过印刷工人，在戏院给有钱人打过扇，自谋生路。机缘巧合，让李经纬在成年后当上了三水县的体委副主任。1973年，李经纬被分配到县里的酒厂当厂长。

1982年初，李经纬孤注一掷，投资了欧阳孝教授研发的新饮料。当时他已经作好了两种准备：如果成功，企业将从此迈上一个新的台阶；如果失败，酒厂的生产经营必然会受到相当大的负面影响。李经纬经过权衡，认为成功的几率占九成，失败的几率仅为一成，而且一旦不能成功，还可以利用他本人在体育界的关系，通过变通手段将手头的技术转卖给其他厂家。

经过上百次反复试验，一种集口感、营养和微量元素补充三大优点于一身的新型饮品——"健力宝"终于横空出世。

"中国魔水"一炮而红

李经纬是一个善于营销的人。他带着健力宝来到美国洛杉矶第二十三届奥运会上，结果产品"一炮打响"。

经过奥运会这个平台的传播，健力宝当年销售额就达345万元；第二年，这一数字就翻了五翻达到了1650万元；1986年，健力宝的营收超过1.3亿元，成为民族饮料品牌的领军人，并在此后十五年时间里一直位列"民族饮料第一品牌"。

1994年，国际小行星命名委员会把一颗小行星命名为"三水健力宝星"，这是全球第一颗以企业名称命名的星星。而最辉煌的时候，1997年健力宝集团年销售额超过50亿元，稳居中国饮料业第一。

李经纬的聪明还在于他的眼光。当克林顿夫妇参加大选时，他把健力宝送到了第一夫人的手中，使其成为了国际知名的品牌。

与李宁一起创建李宁品牌

如今品牌响亮的李宁运动服，也是李经纬的创意。

在虎嗅网的文章中提到，李经纬对李宁有知遇之恩。《南方人物周刊》的文章《李宁：从最伟大运动员到90亿身家富豪》采访曾经披露过如下细节：

1989年，面对广西体委副主任和国家体操队教练两个职业选择时，（退役后的）李宁投奔了李经纬。李经纬让他做特别助理，主管宣传公关。他策划了一次成功的广告片，极富冲击力，亲自出演并重金投放在央视，效果非常好，带动了销售额大幅上扬。

李经纬给了他一个机会去建立属于自己的独立王国——"李宁"品牌，理由是爱国。李经纬因为体育营销而闻名，他的最初宣传口号是让中国运动员喝自己的饮料，现在他告诉李宁：你要让中国运动员穿中国人生产的运动服。

1990年，健力宝运动服装公司在广东三水成立，专门从事"李宁牌"运动服装的生产经营。有了奥运会推广健力宝的经验，李经纬与李宁又联手策划了1990年北京亚运会的体育营销。第一批面世的"李宁牌"运动服被选为第十一届亚运会圣火传递指定服装、中国国家代表队领奖服及中外记者的指定服装。从此，"李宁牌"运动服装声名鹊起。

但由于后来1994年股权问题，李宁牌脱离健力宝，独立运营。

李宁不愿意在媒体面前谈李经纬，但有一次，他和朋友约好了在北京谈事情，见面前一天，朋友收到了短信：李经纬突发脑溢血，我得陪他，三天内不会到，抱歉。

现今，李经纬病逝，李宁帮助其家人打理身后事务，也很能说明问题。

股权问题：健力宝星的陨落

作为商业人物的李经纬，留给业内最后的印象，最为深刻的莫过于其一张仰面流泪"悲情李经纬"的照片。

据《第一财经周刊》披露，1999年之前，李经纬一直掌控大局，到了1999年，三水市政府开始为健力宝提供各种改制方案，并加大对健力宝资金的掌控，每种新产品都必须政府审批，经过政府的财政预算。

眼见问题严重，李经纬提出希望由管理层自筹资金买下政府所持有的股份，三年内分期付清4.5亿元，但遭到拒绝。

《第一财经日报》报道称，在2001年7月，在三水市政府为健力宝召开的专职工作联席会议上，李经纬没能从三水市政府手中买下健力宝，而被一个叫张海的人拦截后，签约仪式上，李经纬默默地坐在会场的一角，难掩一脸的落寞神情。

第二天，他"含泪仰天，不发一语"的照片出现在媒体上，观者无不为之动容。

几天之后，李经纬突发脑溢血住院，随后一方面承受着身体的痛苦，一方面因涉嫌贪污犯罪被罢免全国人民代表大会代表职务，并最终身陷囹圄。

韩虎向《每日经济新闻》记者表示，若非遭遇变故，李经纬的成就可以与柳传志、宗庆后等相媲美。

李经纬获刑：政商关系破裂

据《新京报》报道，2002年健力宝改制前，杨仕明、阮钜源、黎庆元和于善福为李经纬的"四大肱骨老臣"，其中杨仕明担任饮料销售公司的总经理，阮钜源担任副总经理分管财务工作，黎庆元担任副总经理兼制罐公司的总经理，掌握健力宝的销售工作。业界将李经纬及上述高管统称为"李经纬系"。

2000年6月，杨仕明、黎庆元、阮钜源、李经纬、于善福（另案处理）5位健力宝公司正副总经理在一次例会上，决定用子公司饮料公司的职工福利资金购买个人商业保险，并由杨仕明负责落实。

当年6月底，杨仕明指使饮料公司财务经理梁海鸥将职工福利资金1141.385万元作为保费转账给人保公司，为李经纬、杨仕明、黎庆元、阮钜源、于善福5人投保。

随后，李经纬2002年以"涉嫌贪污犯罪"被捕，2011年11月一审判处有期徒刑十五年。据悉，年过七旬的李经纬此前一直重病缠身，曾因脑溢血突发住院。2009年，李经纬贪污案开庭审理期间，其家属曾以李经纬身体健康状况不能参加庭审为由，向法院提交了延期开庭的申请书。2011年，法院恢复审理，李经纬在广州珠江医院受审。另有媒体援引消息人士的话称，病重的李经纬被判刑后并未进入监狱服刑，一直在医院求诊。

在李经纬案件久拖不决的纠缠中，商业评论家吴晓波是"特赦李经纬"的最强力支持者，在其作品《大败局2》和《激荡三十年》中，对健力宝和李经纬做了最为详尽的梳理，他认为"企业家原罪是制度性原罪，李经纬入狱，是中国改革史上的一个遗憾。在健力宝的国有企业产权改革过程中，李经纬与地方政府进行博弈，并最终政商关系破裂"。

摘自"中国企业家网" 2013年4月23日

褚时健：做一份事业，
感觉就是遇到了一个舞台

朱慧憬

诞生了亚洲第一烟草企业——红塔山的玉溪，规划现代、道路干净、风景秀美，是难得的宜居之城。很多玉溪人会把城市建设之功归于当年的老褚，说云南多少人曾经靠过老褚吃饭。而经历了命运的跌宕，褚时健"解甲归田"，在距离玉溪四小时车程的哀牢山上种橙子、做果农十一年。八十六岁的他，继"烟王"之后，又有了新称号——"橙王"。

我只是一个普通连长，但是我总在帮首长操心

褚时健的果业公司在哀牢山顶一幢黄色的房子里，很平常的两层楼房。除了办公室，二楼有若干间房布置成宿舍的模样，是公司员工休息的地方；在二楼走廊尽头，褚时健和老伴占用了角落里的一个套间——外间是会客厅，摆放了沙发、茶几，内间是他们的卧房。茶几上放着写着"红塔山"的玻璃烟灰缸、茶杯，沙发上也搭着一件老褚嫌热脱下的"红塔山"工作外套，一切俨然上世纪90年代工厂办公室的感觉。

工作人员说老褚一早就去果园巡视了。虽然他已年过古稀，但每月还要在山上蹲点多日。老褚患有严重的糖尿病，行动不便，当他几乎是缓慢地拖着脚走进房间时，英雄迟暮的感觉令人唏嘘。我们表达采访意图的时候，他起初表情木然，屡屡表示耳背听不清楚。其实，曾经的那段敏感经历让他对一切外界的探问都保持着足够的戒备，他坐在那里沉默着，仿佛与你隔着一堵墙，让你不知如何叩门。

"我们还是说说橙子吧。"短暂的沉默之后，这是他的开场白。"事业"对老褚来说，是一个具有魔力的词汇，如今是"橙子"，当年是"香烟"。提到"橙子"，一切听力阻碍似乎都不存在了，他开始打开自己。

"果子好不好，和肥料有很大关系。我们果园的肥料都是自己做配方调出来的。我看了很多资料，很多翻译资料不完整，东一句，西一句，我每天都使劲琢磨当中的关联——果实需要的营养成分，哪些成分产生糖，哪些成分产生酸。既然种橙子，要让大家吃得感觉好，钱挣得少点也没所谓。

"我们这两年争取让橙子的甜度提高1%，酸度提高0.1%到0.2%，这样果子的口感特色更明显。果园每年都在出现新问题，每年都在改进。新问题不可怕，关键是你认真对待，可以改进。我这一生，碰到不少困难，但是这些困难过来以后，信心还是有的，因为你知道事情发展的规律。对我来说，如果事情少，我就觉得不舒服，长时间没有事情做就要生病了。所以我每天都在想事情，都在实践。做一份事业，我的感觉就是遇到了一个舞台，在这个舞台上可以消耗我的很多精力。每次做的事情往前推进了，我就高兴。

"九十岁的目标？下一步，我们想提高产量，争取到后年能生产2万吨果子。到时候，市场基本供需平衡。工作之外，其他人生目标不好讲，我都八十六岁了，活到哪年都不好讲。反正趁现在还有精力，就为后代把基础尽量打好。我走过的弯路多，看得多，遇到麻烦躲避的机会更高些。

"我不想什么花钱的事情。就觉得要挣得多，把自己做好，挣不着钱自己不算好。从小，我母亲带我们四个娃娃，每天不许我们睡懒觉，要我们做很多事情，做完才能睡。她特别希望我们有出息，这对我后来的发展也许有影响。我后来参军打仗，总想每一次仗都打好。我只是一个普通连长，上面有营长、团长、师长，但是我总在操心，在帮首长操心，想着我们怎么把这一仗打赢。"

每天，我都要看《新闻联播》，这可以看出中国经济的问题

对褚时健来说，他人生最大的伤痛在1996年，老伴和唯一的女儿分别因为受贿入狱，随即女儿自杀。前红塔集团法律顾问、褚时健案辩护律师马军曾对记者回忆说——"那一年的中秋节我去看他，他坐在房间里，中间一个大沙发，他蜷缩在沙发里，一个毛毯盖在脚上，对面放一个小电视，一个人在看电视。老伴关着，姑娘死了。"采访过半，话题不可避免地绕到了那年中秋，我问他，那时候是不是这辈子最无助的时候，他后仰躺在沙发上，好像被击中了，一下子颓了，半天都没有动静。那一瞬间，他只是一个不折不扣的脆弱老人："那个时候，真的是从天上跌到了深渊，慢慢想，他们那样做真的是过分了。我姑娘的消息，是我在省委书记家听说的，他说闯祸了出大事。那天我头脑太乱了，我掉了眼泪，是这辈子掉眼泪最多的一次。那个时候思路乱了，什么都记不清了。"

1999年，褚时健入狱。马军在接受记者采访时曾回忆："由于褚老进监狱，这个监狱的图书馆变成了一个非常好的图书馆，有一个当年的烟草商人，一次性就为这个监狱图书馆捐了6万块钱的新书。褚老在狱中的心态非常平和。因为他已经不是第一次坐牢，他曾经是个右派，已经习惯这种生活了。"

"我每天都会看书，在那里我不缺书看。进去的时候，我正在研究烟草配制，所以就看那些书。在里面伙食也还可以，很多朋友照顾着我。我觉得一个人在社会上，要对得起朋友、亲戚，我倒霉了，他们也不嫌弃我，关心我，人啊就是这样子才好。我老伴八十岁生日的时候，他们让我说几句，我说我们这几十年，坎坷虽然多，但是也锻炼了我们，要特别感谢朋友们，在我最倒霉的时候帮助我。现在，年老了，虽然不说安度晚年，也吃穿不愁，这些要感谢朋友。"

"我是属牛的，抽大烟我不会抽，玩风景我不会玩，只会耕田。我这辈子运气算不算好？我所做的对社会来说一切还算好，对我自己来说，我还是找了不少苦吃。综合评价我的人生，八十分总有吧。想不到的东西，没有意思的,不要埋怨,没作用。我做了十七八年的右派,那些年我和右派朋友说——想想现在我们能干吗,中国总有一天要重视经济建设,所以我现在要开始学习,要比在机关里懂得多,到时候就很有把握来做事。我在这段时间很多事情都认真做,我想方设法制糖、酿酒、养猪……起码在这个过程中,物质转换的规律我懂了。你没有办法翻天,只能把自己的事情做好。在那么艰苦的环境中,很多人说这家人很会苦中作乐,确实。最后他们只能找我这样的大右派来负责玉溪地区最大的纳税单位,他们也没有办法选择。

"现在,我一半以上时间待在玉溪。那些老年人退休后摆弄的东西我都不玩。打麻将如果差一个人,我可以顶半小时,但是人一来我就要走,我觉得浪费时间。打太极?不行,我没耐心。鸟也养,听它讲讲话,可以了,时间长了也不行。我老伴经常说我不会享受生活。我每天要做的事情,就是拨几个电话,和别人聊聊果园。以前做烟厂的时候,交了很多朋友,经常来看我,朋友来了都要约时间,所以一回到玉溪的家,往往都有两拨人等着。过去太忙,很少和孩子玩。现在重孙子、孙女来了,我也爱逗逗他们。每天他们来吃饭,饭后玩半个小时。有时候,他们说今天想游泳,高兴的话都带他们去游泳、爬山。小孩子很天真,他们做的很多事情都能引起你的兴趣。让我一整天都和孩子们在一起?那不行,我还是会没耐心。

"每天,我都要看《新闻联播》,这可以看出中国经济的问题。虽然不是很真实,但是能看出一点名堂,一点变化。我也爱看电视剧,那些历史剧。前几天看《努尔哈赤》,我的感慨是,谁会想到明王朝会给一个小民族打败呢。电视剧写得好就能看出些道道来,道道就是中原子弟玩物丧志啊。"

有些事情靠运气能成就一回两回,但是时间长了还是不行

和褚时健聊完天,跟着他去巡园。因为老褚身体太弱,有辆专门的巡园车带着他上坡下坡。那几天,果园风大,把果树枝条都吹折了,既然土地不能种防风林占用果园的面积,他们就想到了在山顶做防风网。老褚就是要去

检查防风网的效果。老褚爱聊天，但是不爱说废话唠家常。他这辈子曾有的地位让他不需要去寒暄别人，他只需要自我地和自己的事业"难题"相处。前方在施工，车被堵在山坡上，各方人等都在商量解决。老褚没做声，坐副驾位置的他把脚跷在方向盘边上，开始想心事嗑瓜子。他有他的自我世界。虽然他知道车上有摄影师有外人，可是显然，他丝毫不介意旁人如何看待他的举止。

我问他，这几年儿孙满堂，现在是他最幸福的几年么？怕他听不清，我重复了几遍，可他一再地答非所问，说这几年是他难得的轻松时光。"香烟厂的岁月"是老褚内心的敏感角落，虽然理智上他知道不便提及那段时光，可是在情感上，他总是不由自主愿意回忆曾经的意气风发。从某种意义上，那段时光也许才是他的幸福时光，虽然幸福的代价很大。

"不屈不挠也许是我的最大优点。我是个现实的人，我追求的都是起码经过努力，可以做好事情。类似把喜马拉雅山炸个大口子让暖风带来雨水的想法（当年牟其中的一个雄伟计划），我没有。我觉得人不要自找麻烦，现实点。我最大的缺点，应该是逼人逼得太急。做烟草的时候，人家说，老褚你原来说利税搞到50个亿算了，你现在搞到200亿还在不断地搞。我说劲头正来，身不由己啊。是啊，我姑娘让我六十岁退休，我没退。唉，这些都说不清。

"上世纪80年代到90年代，云南省财政80%的收入来自烟厂的收入。当时我就是想解决问题，性子急了不肯慢。有些问题，当时的政策不允许，我就先去有关部门那里把问题搞清楚，再回来找省领导批。我就是想别受政策牵绊，早点把上上下下的问题都解决了。80年代中国经济不行，好处也还是有的。别人没想过的问题我先想了；别人没开始做我做了，先机很重要。

"笨，我是比较笨，别人想四五件事，我想十件事。我总是想得比较清楚，效益能多大，风险多大，别人开完会说完问题就算了，我想一想二想三要想透。我说利税搞到30个亿，他们开始不相信我，其实我算过可以的，没把握的事情我不会说的。后来当然达到了。领导说老褚的项目你们不要慢，让他快一点，他这么多年还没有事情搞砸。做很多事，我不单单为一个企业想，还站在政府的立场，把该想的问题都想了，把所有的问题都扛下来。那段时间还是感觉很好，很有成就感，也就找了不少苦吃。

"知识是永远有用的。有些事情靠运气能成就一回两回，但是时间长了还是不行。对风险的戒备也永远要有。种橙，我时刻准备破产。有思想准备，我能承受，但是也害怕。120户农夫种果树，万一来一次风暴，我和他们说，我要为你们负责的，我要预备着每户1000元，应付可能的灾害。有些风浪我想不到没办法，常理下我总是量力而行。他们都说我在政治上不会保护我自己，我说有些问题想得多，就别做事了。经济上的规律我想得到，懂得规避风险，政治上我就不懂了。"

褚时健，生于1928年。1979年起任玉溪卷烟厂厂长，后出任云南玉溪红塔烟草（集团）有限责任公司董事长、总裁。1999年因贪污和巨额财产来源不明罪，被判无期徒刑。2002年，因患糖尿病，获准保外就医，并于这一年承包荒山，开始种橙。

摘自《新周刊》2013年7月9日

中国知识产权制度中的一个里程碑

——纪念北京市高、中级法院成立知识产权专业审判庭20周年

程永顺

今年5月13日，我在华盛顿参加了美国联邦律师协会举办的BENCH&BAB国际知识产权研讨会，在返回北京的途中接到刘辉法官的电话，说8月5日北京市高级法院要搞一个知识产权审判庭成立20周年的纪念活动，希望能写几句感想。我自然地想到了刚刚结束的华盛顿知识产权研讨会。

BENCH&BAB国际知识产权研讨会大概每年举办一次，1995年10月我曾经代表中国法官参加过。在今年的会议上，我再次见到了美国联邦巡回上诉法院首席法官瑞德（Randall R.Roder）、德国联邦专利法院院长施密特（Beate Schmidt）、日本知识产权高等法院首席法官饭村明敏（Toshiaki Icmura）。我和其中的瑞德法官是1995年在北京大学相识，他当时是美国联邦巡回上诉法院法官，是第一次来中国访问；和饭村明敏法官是1995年4月我作为中国知识产权法官代表团[①]成员访问日本时相识的，当时他还是东京地方法院法官。经过近二十年的努力工作，他们现在都已经成为各自国家专门法院的首席法官，每年都在审理案件，并经常来中国及其他国家参加与知识产权有关的各项活动，宣传自己国家的法制及知识产权司法保护的进展变化。

[①]1995年4月9—20日，受最高人民法院任建新院长委托，由北京市高级人民法院副院长周智勇带队，组成由北京、上海、江苏、福建等地法院法官组成的"中国知识产权法官代表团"访问日本，期间访问了日本最高法院、东京、大阪、名古屋高等法院及地方法院。

中国在上个世纪80年代开始建立知识产权制度，在制度建立的过程中也曾考虑要建立一个专门的法院来集中审判知识产权案件，至少在专利法孕育诞生的过程中就几次提出过由于法官不懂技术，突然审判大量的专利纠纷案件可能会遇到困难。当时因为我国专利立法较多地参考了德国专利法，而德国在1961年7月就成立了联邦专利法院；美国的联邦巡回上诉法院成立于1982年10月，它成立的目的在于针对知识产权案件、尤其是专利案件涉及技术领域广泛、专业性强，案件如果在不同的州法院终审会造成审判结果不一，影响专利制度的发展，说到底是为了联邦司法的相对统一性而设立的。因此，参考建立德国联邦专利法院和美国成立联邦巡回上诉法院的做法，我国在专利制度建立过程中就有过成立专利法院的设想①。但是，最终立法者选择了通过"双轨制"②的途径来解决未来可能出现的大量专利纠纷问题。当然，这也为后来的历次专利法修改带来了争论不休的行政执法应当加强还是削弱、是存是废之争。

　　1985年4月1日新中国第一部专利法开始实施。在专利法实施之初，由于法律诉讼的滞后性，专利案件要过一定时间才能陆续诉讼到法院，于是在1986年秋冬之际，我和中级法院的张鸣、王东三人一同来到当时的中国专利局进行工作交流，了解专利申请、审查、授权、异议、无效的全部审查流程，为迎接专利案件的司法审判做准备。交流工作得到了中国专利局领导的大力支持。由于有中国专利局戈泊副局长的"手谕"，因此在各个审查部受到了较高的"待遇"，了解了许多审查的内部细节。在交流过程中，审查四部的副部长姜颖（后来曾任知识产权局局长）、审查二部的部长贺儒英、专利复审委员会副主任赵元果等，就曾明确提出建议我们应该向有关部门反映尽快成立专门的法院，以应对即将到来的专利审判压力，这些建议案后来也

---

① 见赵元果编著《中国专利法的孕育与诞生》，知识产权出版社，2003年4月第一版。
② 见1985年4月1日实施的《中华人民共和国专利法》第60条规定：对未经专利权人许可，实施其专利的侵权行为，专利权人或者利害关系人可以请求专利管理机关进行处理，也可以直接向人民法院起诉。专利管理机关处理的时候，有权责令侵权人停止侵权行为，并赔偿损失。

写入了我们给北京市高、中级法院党组①的交流总结报告中。当时，北京市高、中级法院党组非常重视专利审判工作，至少1987年就在北京市高、中级法院经济审判庭中成立了"涉外、专利审判组"，集中审理专利纠纷案件。后来，1990年北京市中级法院在媒体上报导首先成立了"专利审判组"，其实，不过是将当时的"涉外、专利审判组"又作了细致分工罢了，之前专利审判组早已存在多年了。

随着专利制度的实施，法院受理的专利纠纷案件开始逐年增加；最高人民法院和北京市法院党组对知识产权审判工作越来越重视；加上上个世纪90年代前后发生的中美两国政府间的知识产权谈判及中国加入世界贸易组织的谈判，国内外对知识产权保护的呼声越来越高，北京法院成立专门知识产权审判庭的工作水到渠成。在最高人民法院的支持下，1993年8月5日在八宝山北京市高、中级法院的会议室召开了成立大会，并首次邀请中外记者参加，对中外记者用中英文发布了消息，这一事件受到了国内外同行的广泛关注。可以说，这是中国知识产权制度发展中的一件里程碑式的大事。

北京市高、中级法院率先在全国法院成立知识产权审判庭以后，各地法院纷纷效仿，全国有多个高、中级法院甚至基础法院先后设立了知识产权审判庭。

实践证明，搞好知识产权审判，仅仅靠建立知识产权审判庭，还远远不能解决执法水平尺度统一的问题，因此，业内人士在一起经常会提及建立知识产权法院的事情。我记得，1996年10月16日国务院法制局在北京西山招待所召开"知识产权行政保护职能研讨会"，我当时正在最高法院进行工作交流，也应邀参加了研讨会，在会上还做过关于《建议尽快成立知识产权专门法院》的发言，大胆地设想了专门法院的级别、审判职能、案件管辖、庭室建设分工、人员编制及安排等等。现在说起来，当时实在是太幼稚了，想得过于简单，就好像是一场梦！在以后的多年，许多从事知识产权工作的官员、学者及实务工作者都在呼吁应该尽快成立专门的知识产权或者专利法

---

① 当时北京市高、中级两级法院，由一个党组领导，共同在一个地点办公。

院，我在媒体上就见过国家知识产权局的局长高卢麟、副局长吴伯明，知名学者郑成思、四川省高级法院副院长陈智伦等多次在全国人大、政协会议上提议成立专门的知识产权或者专利法院。直到2005年开始制定国家知识产权战略，在多次讨论论证中，关于建立知识产权法院问题被再次提出，2008年国务院发布的《国家知识产权战略纲要》中也对此问题作了表述，即"研究适当集中专利等技术性较强案件的审理管辖权问题，探索建立知识产权上诉法院"。但是至今在中国成立知识产权法院这一愿望还未真正列入议事日程。

正是在这一时期，泰国于1997年12月成立了中央知识产权及国际贸易法院；韩国于1998年3月成立了全国性的专利法院；新加坡于2002年成立了知识产权法院；日本2005年4月成立了知识产权高等法院（日本成立知识产权高等法院时曾邀请我参加成立仪式，当时我正在办理退休事宜，自认已非法官身份，婉拒了。后来，日本高等法院饭村首席法官来中国访问期间还专门来到务实中心拜访过）；2008年7月台湾地区成立了智慧财产权法院；2011年11月菲律宾成立了知识产权法院；2013年2月俄罗斯也成立了知识产权法院。

三十年来，中国知识产权法律制度从无到有，并不断完善，发展快速。为了加强知识产权司法保护，各方面做出了巨大的努力，审判水平不断提高，受到各方面好评。近年来，最高法院及各地、各级法院为了更好地依法有效保护知识产权，在不断尝试进行各种改革，如不断出台知识产权"司法政策"、探索"三合一审判模式"、"技术法官参加合议"、分散专利案件一审管辖权、加强案件再审监督、每年评选公布"十大案件"、"精品案件"、"创新案件"等等。但依我看来，从审判制度上讲，尽快成立专门的知识产权法院或者专利法院，以提高统一司法保护水平，这是专利界同行期待已久的梦想，成立专门的法院审理知识产权终审案件将会是知识产权制度发展历程中的新的里程碑。我们作为知识产权同行盼望这一梦想的早日实现，期待着这一天尽早到来。

摘自《北京市法院知识产权专业审判20周年纪念专刊》2013年8月5日

知识产权中国式"泥沼"

蒋一凡

武汉晶源环境工程有限公司(下简称"武汉晶源"),作为全国迄今为止最大的发明专利维权案主角,历经八年打赢的维权官司却深陷执行泥沼,三年无法前行。公司副总裁何珂无奈地发出令人扼腕的感慨:"都说中国企业打知识产权官司,输了赔死,赢了拖死。"

这究竟是一出怎样的"农夫与蛇"的故事?

新版"农夫与蛇"

火电减排二氧化硫污染,俗称"脱硫",是曾经的世界性难题,过去普遍采用的石灰石法脱硫需要耗费大量淡水,还会形成废渣,导致"二次污染",每发一度电成本至少增加2分钱。武汉晶源经过多年自主研发,以天然海水实现脱硫减排技术,彻底改变了依靠消耗大量淡水和能源的传统脱硫方法,使脱硫成本降低了三分之二。如在我国沿海电厂推广应用,每年可节省淡水数亿立方米,少排废水废渣数千万吨。

武汉晶源的这项发明早在1995年开始申请专利,1996年公开。国家知识产权局于1999年确认并颁发了该技术的"发明专利证书"。

1996年4月,华阳电业在福建省漳州市建设后石电厂。一年后,华阳电业发现因错购日本富士化水落后的脱硫工艺,脱硫成本太高会大幅降低发电收益,顿陷困境的华阳电业向武汉晶源寻求帮助,并决定采用武汉晶源发明的天然海水烟气脱硫方法。

让武汉晶源绝没有想到的是,2000年初,华阳电业在项目建成后竟然宣布,其脱硫采用的是日本富士化水和欧美国家的现有工艺,否认采用了武汉晶源的技术。

在与华阳电业协商无果的情况下,武汉晶源不得不寻求知识产权的法律保护。

2001年9月,武汉晶源向福建省高级法院(下简称"福建高院")提起诉讼,状告富士化水和华阳电业侵犯发明专利权。其间,富士化水提出该项专利无效的异议,经过国家知识产权局专利复审委、北京市第一中级法院和北京市高级法院的审理,确认武汉晶源的发明专利有效。

2008年5月,福建高院一审判决两被告共同侵权成立。2009年12月21日,最高法院终审判决富士化水和华阳电业共同赔偿武汉晶源经济损失5061万元;华阳电业按使用年限向武汉晶源支付专利使用费,直至专利期满(共两台机组每台每年24万元)。

判决一出,国内社会广泛关注和高度评价武汉晶源专利案判决。国内媒体纷纷报道评论,认为案判决对于保护知识产权、推动企业创新意义重大、影响深远。

2010年4月,中国政府发布《知识产权司法保护白皮书》,将武汉晶源环保专利涉外维权案列为十大经典案例之首。白皮书介绍:晶源案件是十大知识产权经典案例中唯一的发明专利案,是最高人民法院历来判赔额度最高的知识产权案,更是最高人民法院首次以五人大合议庭,并有全国人大代表、政协委员及中外代表人士二百多人旁听,公开审理的案件。白皮书还认为:该案"社会关注度高、影响面广乃至于在国际上都有重大影响"。

英、美等国外媒体也对该案进行了积极的报道和评论,英国著名《经济学人》杂志2010年10月载文:"一家武汉公司在针对福建及其日本供应商擅自使用其脱硫专利工艺的诉讼赢得700万美元,这表明:如果创意(创造)得到保护,中国人将产生更多的创意。"

强悍对手

2010年1月案件判决生效后,执行一直折腾无果,一晃两年,案情演绎出更多"经典"。

2012年5月,日本富士化水工业株式会社,即该案共同侵权连带赔偿的被执行人之一,在国际互联网宣称:"该案现在没有执行,将来也永远不会执行。"

此后不久,另一被执行人华阳公司提出"和解协议",在没有任何对价的前提下,要求武汉晶源承诺:"现在和将来"的海水烟气脱硫"发明专利",包括"可能涉及"的"其他专利",在"现在及将来",都要对华阳及其认定的"任何关系企业""放弃一切法律权利"。

2012年9月17日,武汉晶源在案件起诉十一周年之际,发表声明驳斥日方。声明强调:该案所涉知识产权,如同国家的固有领土,我们永远不会放弃。同时函告各方,终止法律轨道以外的所谓"和解",坚决要求执行司法判决。

武汉晶源案涉及我国首例使用自主专利技术的大型火电脱硫工程,由于华阳电业和富士化水的侵权,导致在当时国际竞争激烈的我国火电脱硫市场上,产生了"中国没有火电脱硫核心技术而必须依赖外国"的社会影响,直接促成了随后出现的全行业外国技术垄断局面,形成"脱硫整套工艺技术和关键设备应从国外引进"的行业现象。

2004年12月,珠海发电厂一期工程部分采购招标书注明:"脱硫关键设备整套工艺技术应从国外引进,其他设备国内配套。"

2008年1月,国家有关部门在斯里兰卡普特拉姆燃煤电站项目"海水脱硫工程招标书"中明确规定:国内"投标方应与拥有海水脱硫技术知识产权或使用权的外国公司合作参加本工程的投标与可能的承包工作。该外国公司应为本工程的合作提供支持函",同时建议选择合作的外国公司中也包括富士化水。

这项规定要求中国公司必须与外国公司合作并取得他们的授权。何珂对此称之为外国公司享有"天然超国民待遇"。特别是对富士化水而言，明明是漳州后石电厂因脱硫技术落后才盗用武汉晶源先进技术专利的侵权人，却因为有"外国身份"，就可以"授权人"的身份参与该工程，而拥有先进技术知识产权的中国公司却被荒唐地排除在外。

武汉晶源"海水脱硫法"发明专利证书上写明："本专利的专利权期限为二十年，自申请日起算"。这项专利从1995年12月申请开始到现在，已经过去了十七年，仅仅剩下短短的三年保护期。不知道仅剩下的三年时间内，武汉晶源能否得到迟来的正义伸张。

前进受阻

虽然在国内火电脱硫市场遭受排斥和侵权叠加的灭顶之灾，武汉晶源仍然在各方支持下奇迹般涅槃。

近年来，承担全球85%货运量的海洋航运业，正在成为二氧化硫排放的最大源头。欧盟2012年连发三个重要文件，强调船舶大气污染造成欧盟27个成员国每年死亡人数超过5万，所以要不惜一切代价减少污染。为此，联合国实施严格控制船舶大气污染的最新条约及海事低硫法令，使全球超过5万艘大中型船舶，以及大量在造新船继续改造。改造需要低成本绿色减排技术和产品，从而产生数千亿美元国际市场的紧迫需求，该领域的国际竞争也日趋激烈。

孕育出硅谷奇迹的斯坦福大学，近年着重推动全球气候环境方面有产业化前景的领先技术，特别是拥有国际竞争力的专利技术，因此看重武汉晶源公司及其新的绿色专利技术。

2008年以来，武汉晶源又"进行大量的重新设计，使该技术适应海洋船舶"，从而将该自主技术从清洁能源推进到绿色交通领域。

今天的国际海运减排这项典型的战略性新兴产业，对我国具有的战略意义远超当年的燃煤电厂减排，因为这次不仅涉及巨大的全球市场，而且关系海洋和石油两大资源的全球性开发和清洁利用。

几千亿美元的大蛋糕,这次能有多少份额落入中国?

武汉晶源在国内推进船舶减排新技术产业化的阻力一如既往,要"进行最后的完善"所需资金一年多都没有着落。根本原因当然是知识产权司法保护形同虚设:找上门的投资人,发现连经典案例都执行不了而被吓跑,自主知识产权技术产业化的投资环境恶化。

英国《知识产权管理》2010年第9期《美中两国清洁能源知识产权战略》一文,以武汉晶源案为例,期待中国的清洁能源知识产权战略有利于世界经济的可持续发展,基本理由是,清洁能源技术有专利就会有资金,发展清洁能源就有保障。

显然,该文的逻辑,目前并不适用于中国式维权的武汉晶源。

然而,这起经典大案却深陷执行泥沼,历经数年,仍然无法前进。

摘自《新民周刊》2013年1月6日

简析PCT申请的程序安全保障

王正发

专利合作条约（PCT）自1978年生效以来，尤其自1984年以来，经过多次修订和不断改进，在PCT申请的程序安全保障方面为申请人织造了一张坚实可靠的大网，营造了使用PCT体系的友好安全的环境。通过有关的安全保障措施，申请人得以延长有关时限改正申请过程中有时难免发生的缺陷，尤其是在某些文件及费用等方面给申请人以改正或补交的机会，使PCT申请在符合最低条件的情况下其国际申请日不受到影响，保证了PCT申请的顺利进行，并使PCT申请被视为撤回的情况极少发生。本文就世界知识产权组织（WIPO）所列的涉及PCT申请程序安全保障的有关问题作一简单介绍。

向非主管受理局提出的PCT申请应传送主管受理局

PCT申请应该向主管受理局提出。如果一个既非中国国民又非中国居民的申请人向中国专利局提出PCT申请，尽管他的原籍国是PCT缔约国，或者在PCT缔约国居住或设有工商场所，也就是说他有资格提出PCT申请，但他为提交申请所选择的受理局是错误的，或者说是"非主管的"。再譬如，一个在中国居住的法国人向中国专利局以法语提出了PCT申请，尽管这个法国人因在中国居住而有权向作为受理局的中国专利局提出PCT申请，但他所用的语言不是中国专利局作为受理局所接受的语言，因此，他也属于向非主管受理局提交了PCT申请。碰到这种情况，非主管受理局不能对向它提出的

PCT申请忽略不管，它有义务根据细则第19.4条把有关PCT申请传送给作为主管受理局的国际局。除此外，非主管受理局还可就它与国际局相互同意的其他原因把有关PCT申请传送给国际局。这里边的一个关键问题是，这种由非主管受理局传送给主管受理局的PCT申请，其国际申请日能得到保障，即仍以非主管受理局收到PCT申请日为国际申请日，不会因为这种传送而变动申请日，只要该PCT申请本身符合给予国际申请日的最低要求。另外，这种传送应该符合涉及国家安全的规定（在中国是有关保密审查的规定）。对于上述传送，有的专利局要求申请人缴纳传送费，有的专利局免费传送。

发现缺陷时应通知申请人改正

这里所指的缺陷是指PCT细则第11和26条所述的形式上的缺陷以及有关优先权方面的缺陷。细则第11条主要涉及PCT申请的形式要求，诸如PCT申请的副本份数、复制适宜性、材料（纸质）、分页、纸张规格及有关要求等。细则第26条涉及受理局对PCT申请某些部分的检查及发现缺陷时通知申请人改正。

受理局可延长某些期限

除了缴费、改正或增加优先权要求的期限外，受理局对PCT申请中的缺陷改正可以规定并延长某些期限。当PCT申请含有需要改正的缺陷时，受理局则根据条约第14（1）条和细则第26条要申请人在通知之日起两个月内改正缺陷。对于这个时限，在就及时并适当的缺陷改正作出决定之前，受理局可在任何时候加以延长。在准予时限延长时，受理局应考虑到一些有关情况，例如某些修改可能与国际检索有关，因此国际检索单需要在作出国际检索报告前得到这些修改内容。另外，如果有关修改涉及PCT申请的国际公布，那么这些修改须在国际公布的技术准备工作完成之前到达国际局。只要情况允许，受理局一般均会允许时限的延长。有时候，当改正缺陷的时限已过，但适当改正缺陷的决定尚未作出之前，受理局也可能依据职权延长时限。因此，时限过期一两天常可得到宽恕，但一旦已作出决定，时限则不能再进一步延长。

未缴费或未缴足费用应通知申请人补缴

当受理局发现申请人未缴或未缴足传送费、国际申请费、国际检索费，或当国际初步审查单位发现申请人未缴或未缴足手续费和国际初步审查费时，应通知申请人在规定期限内补缴，并可以加收迟纳金。

允许援引加入

申请人如果在PCT申请中遗漏了在先的优先权申请中包含的项目或部分，可以根据细则第20条要求援引加入，即"援引"在先的优先权申请的内容，"加入"到新提的PCT申请中。对于申请中的遗漏项目或部分，通常以补交遗漏页的日期为申请日，但通过援引加入，申请人保住了原先的申请日，条件是全部遗漏页在早先的申请中都有，且以其为优先权基础，请求书包含了援引加入的声明并及时确认援引加入。需要注意的是，某些国家对援引加入的规定以与其国家法不一致作了保留。中国专利局作为受理局接受援引加入的请求，但作为指定局不接受援引加入的请求。

优先权的恢复

根据细则第26条之二（3）及细则第49条之三（2），国际阶段的受理局和国家阶段的指定局经申请人请求分别可以给予恢复优先权。适用优先权恢复有两条可能的标准，一是申请人尽管已给予酌情所需的"应有注意"，但仍然未能在优先权期限内提出申请，二是申请人"不是故意"未在优先权期限内提出申请。所有缔约国的专利局都必须至少使用上述两条标准中的一条，也可以两条都使用；指定局也可以依其国家法使用更适宜的标准。由受理局恢复优先权，时限是优先权期限届满之日起两个月内。受理局恢复优先权，对于指定局无最终约束性，指定局可以有限地加以审核；受理局拒绝恢复优先权，对于指定局也可无约束性。目前，有的国家对恢复优先权的规定以与其国家法不符作了保留。中国专利局作为受理局接受恢复优先权的请求，但作为指定局不接受恢复优先权的请求，在受理局的决定对指定局的效力方面，中国专利局作为指定局也作了保留。

明显错误的更正

根据细则第91条，申请人可以对PCT申请中的明显错误要求更正。明显错误是指并非显然故意在PCT申请文件或其他文件中书写的东西，对错误本身也因主管单位即刻意识其别无他意而明显需要更正。但是，明显错误不包括文件漏页等错误，即使是复印或装订所致也不能更正。当受理局、国际检索单位、国际初步审查单位或国际局发现看上去像是明显的错误时，则请申请人提交更正请求，有时候受理局也会依据职权自己来改正某些小错误，例如请求书上的姓名、地址或国家名称的不一致，并在改正后通过修改页复印件或通知书告诉申请人。更正明显错误，常牵涉技术或专业上的问题，因此必须得到有关主管单位的许可。如果请求书有错误，应有受理局的许可；如果请求书以外的其他部分有错误，或向国际检索单位或国际初步审查单位提交的其他纸件有错误，应分别有国际检索单位或国际初步审查单位的许可；如果除PCT申请或对该申请的修改、改正以外的向国际局提交的其他纸件有错误，应有国际局的许可。更正明显错误是免费的。当然，鉴于PCT申请具有正规的国家申请的效力，在PCT申请进入国家阶段时，国家法有关更正错误的规定，也适用于PCT申请。

撤回申请以避免国际公布

提出PCT申请后，如果申请人发现所申请的内容不应该被公布，例如可以留作技术秘密加以保护，或者因为涉及原先未加考虑的国家安全问题或者其他敏感问题，申请人可能需要避免PCT申请的国际公布。如果申请人决定要避免国际公布，唯一的办法是撤回PCT申请。撤回PCT申请必须在国际公布的技术准备工作完成之前提出，这通常是在实际公布的15个历日之前。撤回PCT申请，应该是有条件性的，即以国际局及时收到撤回要求而可避免国际公布为前提，否则PCT申请不应被撤回。撤回PCT申请的通知必须以书面提出，建议使用PCT/IB/372表格。撤回PCT申请需要所有申请人或其代理人或共同代表的签字。

撤回优先权以推迟国际公布或推迟进入国家阶段

有时候为了某些原因，申请人可能希望推迟PCT申请的国际公布，尤其是希望推迟进入国家阶段的时间，在这种情况下，申请人可以撤回优先权要求，从而使有关的时限被重新计算，例如国际公布和进入国家阶段的时限最多可以推迟约十二个月。撤回在先申请的优先权要求，须在优先权日起三十个月届满前向受理局、国际局或国际初步审查单位（若适用）提出，如果过此时限，申请人只能在适用时要求指定局或选定局对未能按时限撤回优先权要求加以宽恕。申请人希望推迟某些时限，常常是出于多方面的原因，例如是因为还需要时间进一步了解、分析或考虑发明的技术及商业价值、有关国家的市场及发展趋势、竞争者的现状及动向以及自己的预算安排等。在全球化持续深入及企业间的竞争日趋激烈的今天，有的申请人从长远的专利战略考虑而希望在作出最终决定之前获得更多的时间，PCT体系在这方面同样给申请人提供了便利。当然，撤回优先权要求存在申请日被他人占先的风险，对这点申请人必须十分清楚，有关决定应该在充分权衡利弊的基础上审慎作出。

可使用传真提交申请文件以免超过时限

根据细则第92.4条，申请人可用传真提交申请文件，需要时原件可以后补，包括提出PCT申请本身，以便及时取得申请日。以电信手段寄送的纸件，有可能须在14天内寄送原件，原件必须符合细则第11条规定的形式要求，并须随附说明相关PCT申请的经签字的函件。《PCT申请人指南》"一般情况篇"附件B1及B2中说明了有关缔约国是否就所有或部分文件接受传真或其他通讯手段，也包含了各有关局关于必须提供原件的具体要求。

送达申请人的信件的延迟：7天规则

根据细则第80.6条，当期限是从国家局或者政府间组织的文件或者信函的发出日开始时，如果所署日期早于实际寄出日，应以实际寄出日为期限开始日。如果申请人能满意证明文件或者信函是在其所记载日期7日后收到的，有关期限可在7天基础上相应推迟若干日。

申请人所寄信件的延误或丢失：5天规则/航空挂号信、快递邮件

根据细则第82.1条，任何利害关系人可以提出证据，证明他在期限届满前5天已将文件或信函付邮，作为收件人的国家局或政府间组织如果满意，应对邮递的延误予以宽恕，或者如果邮件丢失，应允许用一份新副本代替。各国家局及政府间组织有关这方面的具体情况可见《PCT申请人指南》附件B1及B2。

恢复进入国家阶段的权利

如果PCT申请未能按规定期限进入国家阶段，根据细则第49.6条，申请人可于一定期限内在适用的指定局或选定局恢复进入国家阶段的权利，条件是申请人错过进入国家阶段的时限并"不是故意"的，或者已给予"适当注意"但仍出现耽误期限的疏忽。为恢复上述权利，申请人可以在耽误时限的原因去除之后两个月之内，或者自进入国家阶段的时限届满时十二个月之内，以首先到期日为准，提出恢复进入国家阶段的要求。有的国家的国家法对此规定了更长的期限，或者对此作了进一步的规定，详情可见《PCT申请人指南》"国家阶段篇"。根据WIPO2012年12月13日的信息，声明细则第49.6条与其国家法不符因而该细则不适用于其指定局或选定局的国家有加拿大、中国、德国、印度、韩国、拉脱维亚、墨西哥、新西兰、菲律宾和

波兰。

指定局或选定局可对期限的延误允许补救

除了上面所述的细则第49.6条规定外，条约48条还规定，任何缔约国，应按其本国法所许可的理由，也可以按除此之外的理由，对任何期限的延误予以宽恕。细则第82条之二还进一步阐明了"任何期限"应解释为：1. 条约或者细则规定的任何期限；2. 受理局、国际检索单位、国际初步审查单位或者国际局规定的任何期限；3. 受理局根据其本国法可以适用的任何期限；4. 申请人在指定局或者选定局办理任何事务时，该局规定的或该局所适用的本国法规定的任何期限。细则第82条之二还明确了上面所述的对期限延误的宽恕是指那些尽管未能遵守期限但给予恢复权利、复原、恢复原状或继续程序的条款，以及任何其他规定延长期限或者对延误期限给予宽恕的条款。绝大部分指定局和选定局都对期限的延误规定了这样或那样的宽恕。PCT的有关规定保证了缔约国国家法及其实际做法所允许的对时限延误的宽恕同样须由指定局或选定局适用在所处理的PCT申请上。而且，当PCT申请人直接向某缔约国提交申请时，该国的国家法所规定的宽恕条款也同样适用。需要注意的是，PCT申请人在利用这些宽恕条款时，需要遵循有关国家法律在这方面所规定的时限和条件。另外，当时限延误得不到宽恕时，通常还可以有进一步申诉的机会。

指定局或选定局可以更正受理局或国际局的某些错误

根据细则第82条之三，如果由于受理局的错误而使国际申请日有误，或者优先权被受理局或国际局错误地认为无效，指定局或选定局在对申请人提出的证据感到满意的情况下，可以根据本国法或本国惯例予以更正，并将国际申请看作是已经给予了更正后的国际申请日，或者优先权要求未被认为无效。

指定局/选定局的复查

条约第25条规定，当受理局因PCT申请含有缺陷而拒绝给予国际申请日，或宣布国际申请已被视为撤回，或者国际局因没在规定期限收到登记本而已认定国际申请被视为撤回时，指定局可以对在国际阶段作出的这种可能影响国际申请日或国际申请本身的决定进行复查。复查主要是看上述决定是否有理，如果发现上述决定是因为受理局或国际局的错误或疏忽所致，指定局或选定据则可维持PCT申请的效力，犹如错误或疏忽并不存在，把有关PCT申请视作是从国际申请日开始的正规的国家申请；即使发现上述决定不是因为受理局或国际局的错误或疏忽所致，指定局或选定局仍然可以视具体案情斟酌决定并根据条约第24（2）条维持PCT申请的效力（自国际申请日起具有正规的国家申请的效力）。在某些情况下，即使受理局或国际局的决定是正确的，指定局或选定局也可能不得不按照适用的法律而保持PCT申请的效力。请求复查应在规定的期限内提出，根据细则第51.1条应自按有关细则通知复查决定之日起两个月内。

对因不可抗力造成时限延误的宽恕

当有关时限的延误是由于战争、革命、内乱、罢工、自然灾害或其他类似原因造成时，且有关时限满期还不到六个月，在收到满意的证明的情况下，受理局、国际检索单位、被指定的补充国际检索单位、国际初步审查单位或国际局可以根据细则82条之四，对时限的延误加以宽恕。上述有关时限宽恕的规定对巴黎公约规定的十二个月优先权期限及进入国家阶段的期限不适用。对于国家阶段已经开始的指定局来说，对上述时限延误的宽恕不需再予考虑。

摘自《中国发明与专利》2013年第8期

30年代上海的市井文化

倪锡英

上海原来是一个荒寂的滨海渔村,从开埠到上世纪30年代被称作世界"第五大都市",不及百年。在如此神速的繁盛之下,真实的上海究竟从何而来?生活在那时上海的,究竟是怎样的人?过的是怎样的日子?

由南京出版社出版的《民国史料工程·都市地理小丛书·上海》一书,出自现代作家倪锡英(1911—1942)生前对上海所做的社会调查。其中对上海的历史沿革、地理名迹和社会生活,都有十分细致具体的描述,生动地再现了1930年代上海的风貌实相。

从荒滩渔村到大都市

假如把上海比喻作一个有性灵的东西,那么它的确是感觉最敏锐的一个。一切新的思想,新的文化,新的习尚,新的潮流,从世界各方面传播过来的,上海总是最先最敏捷的接受了下来,再向全国各地转布开去。它是造成中国近代物质文明最主要的机关,又是沟通东西洋文明的总枢纽,又是世界各国对华贸易的根据地,变成了世界的贸易市场,占有世界第五大都会的重要位置。在远东,除了日本的东京以外,上海便要算东亚首屈一指的大城了。

自开辟商埠到现在,还不到一百年,在这短短的时期中,上海所以会繁盛得如此神速,完全是因为世界的潮流所趋。20世纪机器工业的勃兴,大量的生产需要大规模的市场去销售，而生产落后的中国，正是欧西先进各国最好的销售市场；而上海因为地理形势的优越，适于商业上的种种条件，因此不数十年，便成了一个繁华的商港。

我们如果把这中国第一大都市已往的历史作一追考，那末在一世纪前，人们是谁也不知道有上海这个地方的。

在有史之初，所谓上海，还只是一片茫茫的白水。北部的长江，自上游挟着流沙向海口奔流，日积月累地便在海口淤积起来，渐成一个沙洲，那时自镇江迤向东南，经苏州折西南而至杭州，成一折角线，在这线以东和长江以南的一片地，通称为江南三角洲，只是一片荒沙而已。而上海一带，因为近海的缘故，所以更形荒凉。

在周朝初年的时候（距今约三千余年前），上海那一带是属于吴国的领域，地势非常低洼，而且终年潮湿，不适于耕稼，只是聚居着一些野蛮的渔民，在海上的烟波里，往来捕鱼。到了春秋时代，吴越两国屡次发生战争，最后吴国被越王勾践所灭，上海也连带的入了越国的版图。当战国时，诸侯兼并愈烈，越国又被南部强雄的楚国所灭，于是上海又转入了楚的领域。这正是周显王三十五年（公元前334年）的事。

楚国灭了越国以后，便把旧日吴国的领域，完全划做宰相春申君黄歇的封邑。这位黄歇便是战国末期的四大名人之一，和信陵、平原、孟尝君等齐名，同以豢养食客、仗义疏财名于世，当时在他的封地以内，的确曾做过一些建设的工作，上海在那时期内，便藉了这位春申君的力量，渐渐的开发起来。相传现在扼上海水路交通总纽的黄浦江，就是当时春申君所疏浚。所以黄浦江原名黄歇浦，又名春申江，原是纪念春申君而命名的。而上海，至今还简称为"申"，也是纪念春申君的意思。

楚国灭亡以后，始皇建立了统一的政府，于是旧日的封建势力，也随之崩溃，春申君的封邑，又重夷为无人过问的地带，渐渐地又荒落起来。在秦朝，上海是属于会稽郡的一块荒地，为杭县所管领。汉朝时，曾改属娄县，娄县即现在的松江县。后汉时又改属吴郡；三国时，吴主孙权封陆逊做娄侯，上海便又做了娄侯封邑的属地。

在晋穆帝永和年间（距今一千五百余年），上海一带的沿海，海盗异常猖獗，时常上岸来打家劫舍。那时，便有一位虞潭，在上海修筑沪渎垒，以防御海寇，同时阻止海沙的流入。这沪渎便是现今上海东北的松江下流，那时并筑有沪渎城。所以现在的人们，还惯称上海作"沪"，便是起源于此。

梁朝时，上海改隶于信直县，后来又属于昆山县。唐朝时，始属于华亭县。到宋朝高宗绍兴年间，南宋政府开始在上海设置市舶提举司和榷货场，正式命名为"上海镇"。

上海的正式设县，是元朝至正二十九年的事（公元1229年），划分华亭县东北的长人、高昌、北亭、新江、海隅五乡，设置上海县治。到明朝嘉靖二十一年（公元1542年），就元朝的上海县划去北亭、新江、海隅三乡，另置青浦县。到清朝雍正二年（公元1724年），又分划长人乡的一部隶入南汇，高昌乡的一部隶入川沙，于是上海县的辖境，便只剩两乡十二保的区域，面积还抵不上元朝设县时的一半。

上海的繁荣之端，却是肇始于清道光二十年（公元1840年）的鸦片战争。这一次的战争，是帝国主义者侵略中国的第一声，因为这次战争的失败，便打破了中国数千年来的闭关主义，而造成了中国近百年来外交上的种种失败，国势的日渐危殆。而上海，却在这度战争以后，日新又新的繁荣起来，和中国国势的凌替，恰好成了一个反比。

道光二十二年（公元1842年）清朝和英国缔结《南京条约》，五口通商，中国沿海的门户，从此洞开。而英人因为垂涎于上海形势的优越，便在缔约的明年（道光二十三年，公元1843年），更订结善后条约，开始在上海开辟英租界，作为商业侵略的根据地。当时英租界的面积，不过7290英亩，后来逐渐扩充至19035公亩。自英租界成立后，美政府也援例要求开辟租界，在道光二十八年（公元1848年），划定苏州河以北的地带为美租界。法国人也在道光二十四年（公元1844年）根据了中法《黄浦条约》，划定英租界以南的5600公亩为法租界。

上海在外人经营之下，各处的洋房大厦便开始兴建起来，新式的道路在上海租界内四处伸展，黄浦江也再度的大加疏浚，于是外洋的商船便高扯着异国的旗帜直驶进来，内地的土货也都从苏州河运输过来，中外的贸易开始以后，上海的市况便如暴富的人家一般，在极短的时期内便兴盛起来了。

那时，租界以内仅是洋人的势力，商业最为繁盛，而中国政府所属的上海县城，便位居于租界的南面，显然的分划了一道中西洋文明的鸿沟。租界内无异是一个欧西的都市，而华界内还依旧保有着各种东方色彩的建筑。

自上海的商务繁盛以后，清政府感于上海地域的重要，便首先在沪南区设置上海马路工程局，在沪北设置闸北工程总局，总理上海的建设事业，这是光绪二十一年的事（公元1895年）；后来又把上海全境，划分为24学区，筹备自治。

民国以后废除学区制，改全县为29市乡（14市，15乡），设置"南市市政厅"及"闸北市政厅"。到民国十五年，又在龙华设淞沪商埠督办，除统辖上海原有的闸北、蒲松、洋泾、引翔、塘桥、法华各区外，更将宝山县属的吴淞、高桥、殷行、江湾、彭浦、真茹等六区，统归淞沪商埠督办节制。这时上海市的范围更形扩大了。

到民国十六年，国民政府以上海形势重要，便成立上海特别市政府，除统辖淞沪商埠督办原有的各区外，更以宝山县属的大场和杨行，松江青浦县属的七宝之一部，松江莘庄的一部，南汇周浦的中心河镇，完全并入上海特别市，共辖30市乡。

自上海特别市成立以后，便和上海县划分界限，上海特别市后来改称上海市，直接隶属于国民政府行政院；上海县仍设县治，属于江苏省政府管辖，而将县治迁至市区以外的北桥镇。

上海的七种生活

上海全市的居民，据民国二十三年上海市公安局发表的人口调查，共有3362836人。这300余万人每天在上海生活线上挣扎着，营着各式不同的生活。

我们可以把上海的生活，分成七种典型。

第一，是要人的生活。政治要人们都欢喜在上海租界区内购置一个寓邸，以便在公余之暇来一度享乐的生活。那些寓邸，大多是设置在公共租界或法租界的最清静幽胜处，称为"×公馆"，建筑当然富丽堂皇，内部的布置，极尚豪华。要人们的出入，有自备的汽车，卫士随身保护着。他们如果在公余偶度的到上海来时，一定有许多当地的政治要员来作种种的拜会，互相宴答，有时兴致来时，索性来个园游会，邀集当地各要人和要人夫人，来同乐一下。如果遇到政治有什么变动时，这上海的寓邸，往往是做他们"高蹈"或"出山"的大本营。

要人的生活，虽在公余时也是很烦忙的，除了公务上许多同僚日常的拜会外，更有新闻记者和访员的前往晋谒，探询时局的消息和个人的感想，有时是记者们赶去探询的，有时是要人们召集记者去谈话的。何况上海是要人出入的重要码头，欢迎、欢送的酬酢，也是日常所免不了的，至于要放些闲情逸致，到上海各游乐场所去逛逛，那倒是很难得的。

第二，是富绅的生活。这里所谓富绅，是包括富商和闻人而言，富商有自内地迁居来的，有的是在上海新近发迹起来的；闻人是在上海市面上最响亮的人物。他们各有各的潜势力，这班富商、闻人的生活，那是极尽享乐与舒适。他们的居处不用说是广大的第宅，巍峨的洋楼，陈设着珍贵的用品，呼奴唤婢，威风异常。出门时坐着自备的汽车，有保镖随身保护着。室内尽是娇妻美妾，以供声色的享乐。他们每天的日常功课，便是修饰、打牌，到大规模的游乐场如回力球场、跑狗场等地去狂博。女子大多出入于大百货公司之门，挑选最华贵的衣料或饰物。

闻人们的生活比起富商来要复杂得多，除了处理一己的私生活外，还要参加社会上的各种集团生活，一件社会事业的赞助，要他们列名，一件重要案件的决议，要他们发表意见，此外，如公益事业、救灾捐款、奖券开奖，都非他们到场办理不可，所以闻人的生活，在华贵中还是十分烦忙。

第三，是高等华人的生活。这里所谓高等华人，是凭藉了外国人的势力而过着优越生活的人。他们有些是大洋行的买办，有些是外国人机关内的高等雇员，每月都有丰厚的薪金收入。他们平时耳目所沾染的，便是一些欧美的气味，因此，他们的生活都充分的欧美化起来。他们住的一定是华美的洋房，纵然自己置办不起，也一定要租赁这种完全欧化的住宅。他们穿的，一定是挺括的西装，出入也有汽车代步，但大半不用汽车夫，而由自己驾驶的。他们每天除一定的时间处理公务外，便可纵情于享乐，不过他们的思想程度较高，意识和趣味也高尚得多，他们的业余生活，便是出入于大电影院、大酒楼或大舞场。在星期日或假日，还会携着合家大小，作一次短程的旅行，到附近的名胜区域去游玩一天，以调剂身心的健康。因此，他们的生活，是高贵而较有秩序的。

第四，是小市民的生活。小市民是代表着上海的小资产阶级，他们有相当的财力，在上海市内营着比较优裕的生活。他们想享乐，但又怕花钱，物质享受的欲望，永久不能使他们满足，因此他们的生活，常常会感到矛盾与苦痛。

他们的生活趣味较低，日常生活如衣食两项，都相当的讲究，每天大部分的时间，消磨在打牌、宴乐、看戏等事。他们留心报上的京戏广告，喜欢看布景伟大、内容神怪的戏文。男人们有时也喜欢涉足跳舞场或妓院，以及各种低级趣味的游戏场中。女人也喜欢在衣饰上较量，她们醉心于奢华，有时因为欲望的不满足而痛苦。这一类人，他们对于生活的享乐，常常感到不满足，因此精神上的痛苦，也占有了他们生活的大部分。

第五，是一般从业员的生活。这是上海市民内最普遍的生活，从业员指商店、工厂、机关的职员而说，因了他们每月收入的不同，所以生活的状况也各异。大体说来，是"清苦满足"四字。因为他们的生活，往往与劳力的辛苦成正比，生活的费用，总是处处在"经济"二字上打算。每天大部分的时间在工作中，余闲的时候，他们便是逛逛马路，看看友人，有好的电影片也不肯放过的，一定要去看一次。衣食两项，都因地制宜，不甚讲究。因为上海的各商店、机关都不供住宿的，所以他们的居家，都在弄堂式的市房内，也很精致，日常生活纵然说不上舒适，但是够称得起"安乐"，因为他们对于物质的享受是很知足的。

第六，是贫苦大众的生活。这些人担负了上海社会最下层的工作，如车夫、苦力、清道夫、捡垃圾的。他们用最苦最低贱的劳力，来图一己或一家的温饱。他们大半是异乡逃荒出来的灾民，在闸北一带建起茅草的蓬户，男人们以拉车搬运为主要职业，小孩们到各弄堂内去捡垃圾，或到大工厂里去做童工，年老的人，甚至匍匐在街头行乞。每天所得的是十分有限，而生活的巨轮常常紧压着他们，他们只得吃人家剩下来的食物，穿人家遗弃的衣服，住在黑暗的低湿的草房内，动辄起火，还有生命的危险。

第七，便是流浪人的生活。流浪人是指失业或无业的游民而言。上海市内营这种生活的人很多，他们居无定处，食无定时，生活绝端的不安定。失业的流浪人，往往以向亲戚、朋友、熟人借贷过活，一旦找到了职业，便可过安定的生活。至于无业的游民，他们因为没有职业，便去做流氓、索诈、抢窃、求乞等的勾当，有钱时他们会尽量的享乐，没钱时连天的挨饿受冻。最低级的流浪人，蓬首垢面的在街头踯躅，他们的饭食，完全是由市内的送饭司务供给，他们专以乞取剩余的饭菜来饱腹。晚上便东倒西歪的横躺在人行道上或弄堂口，常常受巡警们无情的木棍和腿的踢击，如果兼有窃贼行为的，监牢便成了他们常去的住所。这些人，上海人统称之曰"瘪三"。流浪的儿童，便称为"小瘪三"，他们在大桥边挽拉经过的车辆，向乘客乞取数枚铜元，晚上也是住马路和弄堂的角隅，常常被巡警们追逐，好像驱逐一群野狗一般。这些流浪人的发生，完全由于上海社会组织的不健全，而找不到工作做，实在是一个最大原因。

上海的衣食住行娱

若从生活的本体来观察上海的生活，可以分衣、食、住、行、娱乐五项来说：

衣。这是上海人生活中的一件大事，吃和住不妨将就一点，但穿衣却决不马虎，非漂亮不可。男人的衣服尚有一定的格式，中装和西装都普遍的流行，没有多大改变。只有女人的衣服却是日新月异，变化万端。电影明星有她们的新花样，舞女也有她们的新式样，外国的时髦女人又是一派，翻来翻去，花样越翻越奇。上海市内尽有不少的染织厂家，在把衣料的花式翻新；尽有不少的时装公司，在把衣服的式样翻新，每当一种新装一出，立即打动了每个少女的心，急如星火的群起模仿。但一件新装穿不上几次，更新的花样又来了，又只得搁下旧装，另置新衣了。每一个女郎终年都在衣服上打算，没有钱的人，往往由此烦恼。

上海人的衣饰，又往往是全国各地衣饰的标准，在上海所公认为时髦的衣饰，一时便能风行至全国各大埠。所以上海竟成了中国的巴黎城一般。而各大衣料厂、时装公司，为了他们的营业，把衣式越翻越多，而许多所谓时髦女子，就做了他们的活动广告和义务宣传，这也是上海生活中特有的现象。

食。上海五方杂处，各种菜馆饮食店，应有尽有。著名的京菜馆有会宾楼、同兴楼、致美楼等；著名的川菜馆有陶乐春、成渝川菜馆、古益轩等；著名的粤菜馆有大三元、新新酒楼、味雅、杏花楼等。京菜以调味得宜胜，川菜以味浓酸辣胜，粤菜以清洁精雅胜，各有千秋。至于素食的最佳者，有功德林和觉林两家。西菜以华懋、礼查、沙利文各大饭店做得最好，纯粹是外国口味。中国式的西菜馆如一枝香、大西洋、太平洋、新利查、邓脱摩、晋隆等饭店，都做得很好，适合国人口味。此外如点心店和咖啡店，到处都有。点心店以新雅与冠生园最著名。

住。上海人的生活，衣食两项，尽管占便宜，居住却大感困难，一楼一底的房子，每月租金要30元至60元，自来水、巡捕捐、电灯费等，尚不在内。每月有百余元收入的两口之家，只好租住一间前楼，也得月费20元至30元的租金。更下一点的，只好住亭子间，冬冷夏热，其苦可想，然一月亦非8元至10元莫办。公共住所，则有旅馆、公寓。上海的旅馆业总计不下400余家，规模最大的如国际大饭店、新亚酒店等，都是最高尚华贵的旅馆，每天房金，动辄三四十元；此外，外国旅馆如华懋、礼查等饭店，寄寓者多系外人，价值也奇昂。公寓以法租界内设立得最多，租金按月计算，是适于暂时居住的。

行。上海人的行，最称便利，汽车电车，密布全市，一出里弄数步，便可乘坐，而且取价既廉，行程又迅速。有钱的人，有自备汽车，欲东则东，欲西则西，更为便利。就是公共的汽车电车不能径达的地方，便有各汽车公司的小汽车可供乘坐，论时间，每小时3元；论行程，在市区范围内每一次1元，另赏给车夫一些酒资。上海有许多专为受雇的汽车公司，规模最大者，如祥生、云飞，支行密布全市，叫车时只须一个电话，车就立即驶来，真是便利非常。

娱乐。上海娱乐的种类繁多。大别之，可分为电影院、游戏场、京戏馆、跳舞场，以及含有地方色彩的戏院。全市的电影院，大小不下40余家，最著名的有大光明、南京、国泰、大上海等数家，设备装潢，可称为第一流。游戏场如大世界、新新屋顶花园、永安天韵楼、先施乐园、大新游乐场、上海新世界、福安游艺场等，每晚都满堆着游人，这是低级趣味很重的游乐场所。京戏馆以唱做神怪戏剧为多，群以布景机关相号召，已失京剧原来的艺术，著名的如大舞台、天蟾舞台、更新舞台、三星舞台等等。跳舞场更是近年上海最风行的一种设备，年轻人尤喜涉足，以消度一长夜。最高尚而伟大的有百乐门一家。此外如大沪、维也纳、圣爱娜、大东、大华等，均各罗致了妖艳的舞女，以供舞客片刻的销魂。地方色彩的戏馆有广东戏、北方的蹦蹦戏、四明文戏、四川戏等等，以专供各地方的旅沪人士前去游观。

此外，如跑狗赛马打弹子游泳等，也是上海人们很普遍的娱乐，至于无线电播音，在上海差不多家家户户都有无线电的装置，洋洋之声，终天不绝。

摘自《民国史料工程·都市地理小丛书·上海》南京出版社

香港那碗茶

刘 荻

若说对香港文化的体会，作为一个北方人，只生活了三个月，风土人情不甚了了，大概也只有最初级的口腹之欲。如今告别在即，写两句念一念这情感复杂的好。紧接着续上的许悦同学，anyway 她都是个广东人啊！

早茶大概是香港的精神文明和物质文明的支柱吧，就好像定海神针，让一切高耸入云的摩天大楼都稳稳地扎在这片小小的土地上，而每幢大楼的狭缝间经营着的剁着烧腊、煮着面条的铺子，都让这城市蒸腾在市井气的氤氲之中。

我第一次吃早茶是初到伦敦时在唐人街，被香港同学拉去吃 Dim Sum。港剧看得甚少又一向孤陋寡闻的我很快便心碎地发现，这里的"点心"和稻香村的大八件儿一点儿关联都没有，说是吃点心，却还有鸡爪和排骨；对于禄字椰蓉饼最高的我来说，深有上当受骗之感。

同时，日新月异的北京莫名火了一个叫做金鼎轩的餐馆，它又让我很长一段时间都误以为冻奶茶和凤爪、叉烧包、马拉糕它们是一国的。直到我来到了香港准备定居，与中环站青年们厮混了一些饭局，才慢慢摸到一些底细。

莲香居至今回忆起来仍是一片嘈杂。这里据说是非常有名的百年老店，三代相传，朋友为了给我接风特意选在这里。香港的酒楼一楼似乎都只有前台，到了二楼三楼才有食客们。和推着巨大手推车的服务员大婶一起挤电梯来到二楼坐定，朋友还没来，一位大叔过来问喝什么茶，我为了尽量减少粤语对话的长度，也没有多问赶紧说了普洱。大叔旋即端来一只平底大碗，茶杯放在里面，茶都倒得溢出来半碗。然后茶壶放在桌上走掉了。留下我目瞪口呆，伸手去拿茶杯却又被烫回来，环顾左右，却始终没有刚刚坐定的老练食客给我做示范这茶到底要怎么喝！过了许久我才把茶杯捞出来，看了看"点心纸"，一切还是等朋友来再说吧！

等人的工夫终于让我从坐立不安过渡到了度日如年，这百年老店实在太"旺场"，爷爷奶奶们吃完了不走都在"倾偈"，桌与桌的距离还没有公司的工位宽敞，还有大婶推着砵仔鸭之类油滚滚的食物走街串巷。实际上饭点的三里屯的任何一家餐厅也是这样的人山人海，全国各地人民的嘴都是吃也堵不住的，但是最要命的在于我听不懂他们在说什么，这让本来就发音饱满的粤语显得更加的吵——如果在周星星的电影里，这幅场景就应该是我对着一盏匪夷所思的普洱茶运气，四周无数口字旁的粤语字在密密麻麻地飞速上升，我的额头渗出了汗。

这是食不知味的一餐，但当我见怪不怪之后，舌头便恢复了功能。尖沙咀的糖朝是新式一点的以糖水起家的茶楼，里面有用干冰做出冒仙气效果的红豆冰和各种核桃杏仁露；陆羽茶室里有云腿三丝筒、猪肺烧卖和香港老明星们；北圜宽敞明亮，特色是经风水师傅算过之后，它们的每副筷子都配成了象征阴阳的黑白两色。

但这一切都和最著名的"木有鱼丸、木有粗面"的故事发生地不是一回事儿。茶餐厅的代表应该是翠华餐厅，有着各式盖饭焗饭和捞饭，搭配冻奶茶冻柠茶或者冻鸳鸯。我家楼下一家叫做尼斯的茶餐厅哺育了我，它毫无风情，和法国小城没有任何关系，午餐时间凭学生制服可以打折，经常要和陌生人共享一张桌。

无论是茶楼还是茶餐厅，它们的共同点是，服务员都是大叔大婶，鲜有好脸色，也不愿多说一个字。都说香港服务人员素质高，大概笑容和轻声细语都堆在东方文华的扒房或者置地广场的白玉兰里了。

短短三个月远不够让我了解这里的吃，但已经足够让我爱上面皮裹着油条这种叫做炸两的奇怪食物。香港食材新鲜，安全可靠，对虾饺和冻奶茶的思念时刻挂在我MSN的签名档里。哦对，说回那杯茶，后来我总算学会了如何去喝，大碗是让你烫餐具用的，大叔在帮我洗杯（通常这都是食客自己的工作），而那杯茶……好吧，我不应该捞出来喝掉的。

摘自《第一财经周刊》2012年3月12日

动 态

全国作品登记工作推进会在广州召开

由国家版权局主办,广东省版权局和中国版权保护中心承办的作品登记工作推进会2013年5月21日在广州召开。

2012年,我国作品登记涉及作品总量为68.7651万件,较2011年的46.1363万件增长了49.05%。2013年前四个月全国作品登记总量为18.4131万件,较去年同期增长67.9%。其中,经济发达省份的登记量明显高于经济欠发达省份,北京的登记量仍居首位。西部地区作品登记量较少,但新疆登记量较为突出,实现了快速增长。

国家版权局委托中国版权保护中心统计的登记信息显示,目前作品登记工作仍存在5个问题,即作品登记证书不规范,未能准确判断作品类别、未正确使用作品分类号,信息统计报送队伍建设不够完善,报送信息的完整性仍需提高,少数地区仍未能按时报送信息等。

向境外单位提供知识产权服务免征增值税

财政部和国家税务总局近日联合印发《关于在全国开展交通运输业和部分现代服务业营业税改征增值税试点税收政策的通知》,通知在《应税服务适用增值税零税率和免税政策的规定》中明确规定,向境外单位提供的下列应税服务免征增值税,包括:技术转让服务、技术咨询服务、合同能源管理服务、软件服务、电路设计及测试服务、信息系统服务、业务流程管理服务、商标著作权转让服务、知识产权服务、物流辅助服务（仓储服务除外）、认证服务、鉴证服务、咨询服务、广播影视节目（作品）制作服务、期租服务、程租服务、湿租服务。但不包括：合同标的物在境内的合同能源管理服务，对境内货物或不动产的认证服务、鉴证服务和咨询服务。以及广告投放地在境外的广告服务。

立法机关开始起草电子商务法

我国的电子商务法已列入全国人大财经委、法工委的立法日程，法律起草工作已经启动。电子商务法的制定将加强对电商的知识产权保护。

专利成为国家重点节能技术推荐要件

国家发展和改革委员会已经印发关于组织开展国家重点节能技术推荐工作的通知，其中首次强调，专利等知识产权要作为国家重点节能技术推荐要件。

此次国家重点节能技术推荐工作首次明确要求，申报技术必须拥有专利证书或其他知识产权证明文件等。同时，所推荐的重点节能技术专利要符合技术先进、节能效果显著、经济适用等条件，能够反映节能技术最新进展，节能减碳潜力大，预期可获得明显的节能减碳效果，有成功的实施案例，应用范围广，在全行业推广前景广阔，能促进经济和社会可持续发展。

中国植物园联盟建设启动

中国植物园联盟建设启动会于2013年7月在京举行。

我国是世界上植物资源种类最丰富的国家之一，植物资源保护面临诸多复杂的问题。全国高等植物新品种中,有4000多个新品种面临着严重威胁,1000多个新品种处于濒危状态。植物园作为植物资源保护的主要基地,是普及植物品种知识、传播生态文化的有效平台,是保护生物多样性、储备生物战略资源的重要载体。

我国目前有200多家植物园,但仅保存了本土植物种数的66%,珍稀濒危植物的保存仅有34%,并且缺乏对不同遗传多样性和不同地理种源的均衡保护,植物园之间缺乏物种保存的分工协作机制。据介绍,成立中国植物园联盟,就是为了发挥各方优势,进一步加强植物资源保护工作。

《中国知识产权指数年度报告2013》发布

《中国知识产权指数年度报告2013》2013年7月22日在京发布。报告显示,北京、江苏、上海位列知识产权综合实力指数前3位,广东、浙江、山东、天津、福建、辽宁、重庆位居第4位至第10位。

工信部发布《工业企业知识产权管理与评估指南》

工业和信息化部于2013年8月发布了《工业企业知识产权管理与评估指南》,规定了工业企业知识产权管理的基本要求、基础管理、运用管理、评价与改进、小微企业的知识产权管理等。

《指南》要求工业企业要建立、健全知识产权组织管理体系,设立知识产权工作机构,明确领导分工及职责,配备知识产权工作人员等;建立各类知识产权管理规章与制度,制定企业知识产权战略,制定企业知识产权运用实施方案和管理体系;注重知识产权运用、积极推动知识产权产业化和成果推广转化,实现和提升企业知识产权价值;建立和完善知识产权保护体系,制定切实有效的保护措施。充分利用知识产权制度规则,保障企业和权利人合法权益。

我国农业知识产权发展水平较低

中国农业科学院农业知识产权研究中心于2013年8月发布了《中国农业知识产权创造指数报告（2013年）》。《报告》显示，我国农业知识产权创造力大幅增强，但发展水平较低，并且科教单位仍占主导地位。

农业知识产权创造指数是农业专利（发明和实用新型）及品种权等主要农业知识产权的申请数量、授权数量和维持年限三类指标的综合指数，显示我国农业科技创新成果产出、国内外获权和权利维持等知识产权创造综合能力。

《报告》显示，我国农业知识产权创造力大幅增强。2012年全国农业知识产权创造指数为40.1%，截止到去年底我国农业发明专利申请量、授权量和有效量分别为22.7113万件、6.9851万件和4.9734万件。

但与此同时，目前我国农业知识产权发展水平仍然较低。每万名农业从业人员拥有的农业知识产权数（发明专利+植物新品种）只有2.2件，远低于每万名从业人员拥有发明专利9.5件的全国三次产业发明专利密集度。同时农业知识产权质量还有待进一步提高，国内农业发明专利的申请授权率为48.77%，明显低于国外的53.89%。

对此，中国农业科学院农业知识产权研究中心副主任宋敏提出，有必要建设农业知识产权公共交易平台，利用对知识产权价值实现的追踪评估形成的倒逼机制，促进公共科研单位和公共财政投资项目的科技创新以及创新成果的知识产权化和产业化运用，最终使国家农业科技投入真正转化为推进农业产业发展的战略性资源。